独自の方法で歴史年表を読み直す

天孫は南の島からやって来た

船迫《ふなさく》 弘《ひろし》

文芸社

はじめに

かつて、私が定年退職後のつれづれに、古代史研究に凝り、果ては「高天が原の乱」という小論を発表して、友人、知己を悩ませていたことがある。

ある友人は「意味不明の珍説」と酷評し、ある知己は義理だからと言って、書棚の隅に飾ってくれていた。

以来、沈思黙考数年、新たな構想が浮かんできた。またかと、家内は大恐慌、だが、ご安心あれ、このたびの構想は斬新、かつ雄大、受けること間違いなしと、大見栄を切ったのです。

実は、私には秘かな考えがあったのです。

というのも、私自身、古代史などという学問には縁もゆかりもない一介の技術者出身、荷が重すぎたのです。

そこで思いついたのが、誰かその道の大家の教えを請うこと。

この夢のような願いが偶然にも一度で叶ったのです。

私が探し当てた大先生は、前奈良大学教授松前健先生、大学を退官されたばかりの方です。

『天孫は南の島からやって来た』という奇抜な題名に興味をそそられたのかも知れません。

早速、書きかけの原稿を提出し、今後の方針などをお伺いしたわけです。

それにしても、どうして、松前先生が私の構想をお気に召したのかは、今もって謎です。

早速、先生の朱筆でまっ赤になった、まことにきびしい原稿が返ってきました。

これはうかうかしていられない。一章まるまる屑籠入りも止むを得ない惨状です。まあ、これが私の血となり肉となればよいのだ。元気を出して頑張ろう。

ようやくにして返却された原稿を丹念に洗い出し、先生の御意志を汲みとる作業をはじめることになりました。

そして、その労苦が本書『天孫は南の島からやって来た』に結集した次第です。

最後に松前先生には、お忙しい中、誠に有難うございました。

今後とも御壮健に御活躍下さい。

船迫　弘拝

松前先生机下。

天孫は南の島からやって来た◎目次

第十三章　昭和天皇とダグラス・マッカーサー

第一章　二大女王の悲劇

(1) 邪馬台国女王・卑弥呼

茫漠とした時の流れの狭霧の中に、一瞬、かいまみた倭《わ》の女王・卑弥呼、その孤独の陰には妖気がただよい、無限の恨みを今に訴えている。このような思いはわたしのみならず、全国何十万とも知れない邪馬台国アマチュア研究家の、ひとしく感じる哀感ではなかろうか。

三世紀初め、中国・魏の明帝から、夷蕃の王としては破格の「親魏倭王」の称号と、金印紫綬を授けられた倭の女王でありながら、その最後は宿敵・狗奴国との戦乱の中に倒れたとも、魏帝より死を賜わったとも言われている。

そしてまた、ようやくにして共立された卑弥呼の宗女（姪か）・台与《とよ》（十三歳）女王も西暦二六六年、西晋の武帝への奉献を最後に、謎の四世紀の深い霧のなかに没し去っている。

日本の黎明期、古代国家発祥の鍵をにぎる女王・卑弥呼の偉大な事蹟は、西晋の史官陳寿の著わす『魏志』倭人伝に記述される、二千余文字によって知るのみであり、「親魏倭王」に輝いた大王家の末路は杳《よう》として、いまも知られていない。

(2) 神話の中の女王・天照大神

かつて、わたしが邪馬台国研究に熱中していた頃、アマテラスの天の岩屋戸隠れを松本清張・宮崎康平の両氏が、みずからの著書に、下記のように記述していることを知り、貴重な提言として記憶している。

＊松本氏の証言

氏は、その著『古代探究』の天の岩屋戸隠れの項で二十二ページ約六千語を費やして解説をされている。その博覧強記ぶりには、唯ただ、舌を巻くばかりだが、その中でつぎのように述べている。

「アマテラスの岩屋戸隠れは、アマテラスが死んで墳墓に葬られたことを意味する。横穴式石室墳墓になっているからアマテラスは六世紀以降の存在だった、などといってはいけない。これは当時の地上の現実を天上界のリアリティ描写に求めたためである」

この様に松本氏は天照の死を明言されている。

＊宮崎氏の証言

氏は、その著『まぼろしの邪馬台国』の神話と倭人伝の一致の項でつぎのように述べている。

「だが、もっと追究してゆくと、勝っているのは須佐之男命である。特に『神々の映像』で明らかにしたいと思っているが、天照大神は須佐之男命との戦いで、戦死されているのだ。

天の岩戸隠れはまったくの言葉どおり、『かくれ』であって、岩戸の前の神々の集いは前後策の評議であり、葬儀を兼ねて御霊を鏡に移すための魂入れの神事であることに注目しなければならない」

宮崎氏は天照大神の死は須佐之男との戦いが原因だとされている。

以上、松本、宮崎両氏の証言で天照の死は明確になった。天照もまた、神ながら浮世の苦難の道をあゆむことになったのである。

(3) 天照大神は実在したか

さて、話が変わって世上よく卑弥呼と天照は同一人物ではないかと、熱心に戸籍調べや、生まれた年代を重ね合わせて、一喜一憂している御仁(わたしも含めて)が多い。しかし、実在と確認しうる女王・卑弥呼と、あるいは創造神かもしれない神話の中の女王・天照を、直接対比してもあまり意味がないような気がする。そこで今度は角度を変えて、天孫降臨の話から、その実在性を検討することにしたい。

そこで、わたしたちが小学五、六年生（昭和七〜八年）頃に習った小学校用国史教科書を都内目黒区の国立教科書研究所・附属図書館という、いかめしい名の図書館をたずねあて、ようやく目的の教科書をさがしあてることができた。

次にかかげる。

小学国史上巻尋常科用文部省

第一章　天照大神

（前略）

＊わが国體の基

大神は、いよいよ皇孫瓊瓊杵尊をわが国土におくだしにならうとして、尊をお召しになり、豊葦原、千五百秋の瑞穂の国は、是れ吾が子孫の王たるべき地なり。宜しく爾皇孫就きて治せ。寶祚の隆えまさんこと、當に天壌と窮りなかるべし。
と仰せられた。萬世一系の天皇をいただき、天地と共に動くことのない吾が国體の基は、實にこゝに定まったのである。

＊三種の神器をお授けになる

さらに大神は、八咫鏡・八坂瓊曲玉・天叢雲劔を瓊瓊杵尊にお授けになった。尊は、この三種の神器をさゝげ、神々を従えて日向へおくだりになった。それ以来御代々々の天皇は、三種の神器をお伝へになって、皇位の御しるしとせられるのである。

（以下略）

以上が天照大神の神勅の宣言と神器授与の神話であり、わたしたちは小学五年生で、すでに、この物語を現実のものとして受入れていたのである。
やがて、長ずるにおよび、天照の実在に若干（可成り?）の疑念をもちながらも、大東亜共栄圏の建設・八紘一宇（世界は一つ）と夢はふくらむばかり、どこをどうはき違えたか、果ては太平洋戦争へと突入、結果は無残な敗戦。

昭和天皇は昭和二十一年一月一日、改めて人間天皇を宣言。日本は神国日本を改め、平和日本と改称した。その甲斐あってか以降五十余年、平穏な日々を過ごしている。

(4) 創作された天照大神

わたしたち、日本国民は余りにも日本神話を鵜呑みにし、天佑神助の神頼みで自助努力を怠って、天罰を受けたというほかはない。

そこで日本神話というのは、そもそも、どんな理念で創作されたのか。改めて考えてみることにする。

とは言っても、わたしがあれこれ頭をひねっても、ろくな考えは浮ばない。こんなときは、日頃、尊敬する先生方の著書を拝借するほうが手っ取りばやい。

幸いにも著書はみつかった。哲学者であり、史学者でもある上山春平氏の著書『日本の成立』がそれである。そのなかに「日本神話の構造」という項がある。それをご紹介する。

◎『日本の成立』上山春平著
「日本神話の構造」より
アマテラス大神という神様の名前は、『古事記』では「天照大御神」「日神」、『日本書紀』では「天照大神」「日神」「大日孁貴」と書かれています。

『万葉集』には一つしか出てきません。

「天照らす日女の尊天をば知らしめすと……云々」と草壁皇子を悼む柿本人麻呂の歌に出てくるんですね。で、このアマテラス大神というのは、『古事記』や『日本書紀』の神話でみたら、あきらかに太陽の神さんですね。

それと同時に皇室の祖先、皇祖神という性格と太陽神という二重の性格を持っています。だから岩屋に隠れると真っ暗になったりするわけですね。『古事記』『日本書紀』とも、はっきりと「日神」と書いています。そしてツクヨミノミコトは月神ですね。そういうふうに日月と対比した。

伊勢神宮も普通はアマテラス大神だけがご本尊だと思っていらっしゃるけれども、伊勢神宮というのは摂末社がたくさんあるんですよ。そのうちに非常に大事なお社がいくつかあって、その中に月読宮というのがあります。これは内宮にも外宮にもある。

日月というのは、どうも祭り方をみていても違うんです。しかし日神が表面に立っているわけですね。これは高天の原の支配。この日神という太陽神はですね、これは果たしてずっと昔からあったのかどうかということについては、あまり疑うケースはない。

しかもこれが、高天の原という天上にいる人格神なんです。子供をつくったりもされる、こういうイメージというのは、中国の昊（皇）天上帝・昊天の昊というのは天皇の皇という字と同じ意味で、広いということです。昊天というのは広い空、大空の上帝、上にいる帝ですね。

中国の古典『詩経』とか『書経』に登場してくる昊天上帝、それははっきり人格神で、似たような感じですね。その人はやっぱりエホバ（天帝・筆者註）と似てましてね。牛なんかを供えて、その香ばしい匂いが天上に昇るということは、牛が生け贄だったと思います。どうも高天の原という天上にそうゆう人格神がいるという感じというのは、非常に新しい思想じゃないかなと思う。

おそらく『古事記』『日本書紀』ができるあたりで初めて登場したんじゃないかなという感じをもっているんです。

上山氏は、日本神話最高の神様であるアマテラス大神を、皇祖神であってしかも太陽神でもあるという、二重の人格をもった創造神であると定義し、その思想を『古事記』『日本書紀』のなかで物語っているのだという。（以下略）

(5) まぼろしとなった「邪馬台国」

ところで、わたしなどは戦前はおろか戦後昭和四十二年までは、日本神話や古代史などに関する知識は、旧制中学で打ち止まり。それが何の気まぐれか世間の評判にひかれて買い込んだのが、『まぼろしの邪馬台国』宮崎康平著(昭和四十二年発行)であった。

氏は全盲の身に鞭打ちながら、奥様を目がわり、杖がわり、として書き上げたのが『まぼろしの邪馬台国』。

さすが文学者だけあって、その文藻の豊かさと、緻密な考証の織りなす物語りは、すっかり、読者を魅了し爆発的な売れ行きとなった。

しかし、あまりにも想像力が豊かすぎて、現実の世界からはチト遊離しすぎたようである。

一例を「実在した高天原」の項でみてみる。

「従来、天上の神話として片づけられていた高天原の物語は、実は、地上にくりひろげられた血のかよったラブロマンスであり闘争であった。神々もまた実在の人物である。たとえば、天照大神は肥前の大女王で、須佐之男命は肥後の大王、大国主命は遠賀川流域の大王、猿田彦大神は筑後川流域の大王だったように判断される」

これではどうも、ラブロマンス過ぎて、ついていけない。そこで『古事記』『日本書紀』をはじめ、『邪馬台国』と名のつく読み物を買い集めた。もっとも、「邪馬台国」ブームの終焉と、ともに大半は買っ読、積ん読で、数十年がすぎた。

そして「邪馬台国」は相変わらず、九州か、大和かでもめている。

(6) 二人の皇祖神と降臨神

さて、名著『まぼろしの邪馬台国』に啓発されて、『古事記』や『日本書紀』を読みかじっているうちに、意外なことに気がついた。

小学五年生で習った皇祖神は、たしか天照大神お一人で、降臨者もまたニニギノ命お一人であった。それが、いつのまにか皇祖神がお二人、降臨者もお二人となり、その組合わせがまた複雑にからみあっている。

しかし、上山春平氏は、

「天照大神は日神であって、しかも皇祖神であるという、二重の人格をもった神であり、おそらく『古事記』『日本書紀』ができるあたりで、初めて登場した神ではないか」と言われている。

また、多くの史学者もオオヒルメムチ「大日孁貴」が天照大神に昇格したのは天武・持統時代あたりからといっている。同じような考えのようである。

そこで、実際に活動した命令神はタカミムスヒノ尊お一人となり、降臨神はニギハヤヒノ尊、ニニギノ命のお二人となる。

それでは、タカミムスヒノ尊はニギハヤヒノ尊と、いったい、どのような関わりを持ち皇祖神としてのはたらきをしたのか、を検証することにする。

(7) ニギハヤヒノ尊の降臨

(い)ニギハヤヒノ尊は天下りの詔をうけて、「天璽瑞宝十種」を授けられ、三十二の供奉神、五部人、五部造、天物部二十五部人、船長・舵取りらを従えて降臨する。(『旧事本紀』)

(ろ)天神の御祖の詔をうけたニギハヤヒノ尊は河内国の河上のイカルガ峰に天降り、大和の国を天の磐船に乗って国見する。（『紀』）

(は) ニギハヤヒノ尊はナガスネ彦の妹ミカシヤ姫をめとる。だがその子ウマシマジノ命が生まれる前に亡くなる。（『旧事本紀』）

(に) ニギハヤヒノ尊が亡くなっても、「天」に上り復命する者がいない。そこでタカミムスビノ尊は、ハヤチノカゼ命を「葦原中つ国」に派遣して事情を確かめた。ところがニギハヤヒノ尊はすでに神去ったことがわかった。

そこでタカミムスヒノ尊は、ニギハヤヒノ尊を哀れに思い、ハヤチノカゼ命をふたたび葦原中つ国に派遣し、その「遺体」を「天上」に運び、「日七夜七」を以って「遊楽」し、天上に収めたという。（『旧事本紀』）

以上が旧事本紀の記すニギハヤヒノ尊の伝承である。

改めて、降臨者はとみれば、これはニニギノ命とニギハヤヒノ尊のお二人。だが、ニギハヤヒノ尊の出自はまことに厄介である。『古事記』では一応、天の火明命としてニニギノ命とは同母兄弟と認めているが、『日本書紀』には、その名はない。しかし、のちの世神武天皇が東征に当って兄や子等にその決意を語った言葉によれば、「塩土の翁の言うには『東の方に良い国があり、青山が四方にめぐらしている。そのなかにまた、天の磐船に乗って飛び降りたものがある』と。思うに、その国は大業をひろめ天下を治めるには良い国であろう。きっと、国の中心地なのだ。その飛び降ったという者はニギハヤヒというものであろう。早速、行って都を造ることにしよう」と。

ここで初めて、ニギハヤヒという同じ天孫族の、大和に先住していることを認めたのである。ようやくにして、天孫降臨の主役となる降臨命令神はタカミムスビノ尊、そして降臨神はニギハヤヒノ尊、ニニギノ命、のお二人と確定した。

(8) 日本神話の成立

さてここで、あらためて日本古代史の大家大林太良氏の著になる『日本神話の成立』を読んでみる。

『日本神話の成立』

神代史の最初の構想では、天地のわかれ、イザナギ・イザナミ二神の国生み、アマテラス大御神とスサノオ命の誕生、高天原での両親の対立、天の岩戸、オオクニヌシ神の国譲り、天孫降臨とつづいて、地上に降りたったニニギノ命が南九州の土豪の娘をめとり、そこで生まれたヒコホホデミノ命が東進して大和に遷るという形であったと考えられる。

そこに、たとえば、オオアナムチノ神の英雄神話や、またコノハナサクヤ姫の話や、海幸・山幸、などの、出雲や南九州の民間伝承がとりいれられ、はじめの部分に、中国の天の思想からきた天の御中主神の話が加わったのであろう。

それでは、このような構想は、いつどこで、何を素材にしてできたのであろうか。

結論をさきにいえば、こうした物語は、日の神を信仰する皇室と、それをいただく大和朝廷が、ほぼ全国の統治者としての地位をかち得た後に、その大和朝廷で、じっさいに伝えていた諸神話、おこなっていた宗教的・政治的な諸儀礼をもとにして、それを体系的な物語として構想したものであろう。

この観点にたってみると、つぎの三つことがいえるであろう。その一つは、この日本神話の体系は、体系としてみても、その構成要素としての諸神話や宗教的・政治的諸儀礼としても、それは、皇室という一つの氏族、もしくは大和朝廷という一つの国家の宮廷の神話であり儀式である。

したがって、これは民間でできたものでなくて、あくまでも支配者の間で伝えられ、おこなわれてきたものである。

しかし第二に、この神話の体系は、皇室や大和朝廷でじっさいに信じられ、おこなわれてきた神話・信仰・儀礼にもとづいたものであって、けっして宮廷の知識人だけが、作為的にこしらえたものではなかったことである。

第三に、この神話が、少なくともその素材において、少数の知識人の述作でないとすれば、皇室も、大和朝廷の諸氏族も、日本民族の一部である以上、日本の民族の間におこなわれていた神話や、宗教儀礼と無関係なものでなくて、むしろそれが基礎をなしているのであろう。

そしてこのような基礎が、東南アジア的な農耕文化と深く結びついていたことは、既にみたとおりである。

そしてその一部に、北方アジアの遊牧民的な要素が二元的に結びあっていたのであった。

第二章　稲作の源流は江南から

(1) 対馬海流にのって

かつて、安本美典著『日本誕生記』に「稲作は江南から直接きた」という小見出しがあったのを記憶していた。貴重な資料なので早速ご紹介する。

稲作、とくに水田耕作が、もっぱら中国の江南地方から、対馬海流にのって直接日本に来た、とする考えをのべている人は、樋口隆康氏、渡部忠世氏、松尾孝嶺氏、安藤広太郎氏など、かならずしもすくなくない。

そして、放送大学の渡部忠世教授の、つぎのような見解は、かなり十分な根拠でのべられており、支持できるものとみられる。

「稲作が、江南から直接日本、特に九州地方へ渡来したとする説は、多くの農学者も支持するところである。その大きなよりどころとなっている研究に、松尾孝嶺の『栽培稲に関する種生態学研究』の成果がある。アジア各地に栽培される六百六十六品種を供試して、精密に形態、生態、生理的分類を行なったところ、日本の水稲に最も近似する品種は(朝鮮半島のものよりも)華中のジャポニカの一群であることなどが証明されている」

さらに雑草学者の笠原安夫の研究なども興味深い。岡山市対馬遺跡の水田跡で検出された雑草種子八十九種は、東南アジアから華中にかけて分布する雑草が大半で、長江以北にはみなれないものが多いという。

水田の雑草を稲の随伴物とみる限り、このことも江南地方以南からの渡来を主張するひとつの根拠となりうるだろう。

朝鮮半島を経由したとする考えは、考古学者の中に支持の多い説といわれている。しかし、陸路を揚子江流域から遼東半島に至って鴨緑江を渡り、文字どおり朝鮮半島を南下したとは農学者や植物学者にとっては容易に賛同し難い推理であろう。

遼東半島付近は北緯四〇度、盛岡よりも北である。日本に渡来した稲がしだいに東方に移り、やがて北上して津軽地方にまで割合と早くに達したとも言われるが、東北の稲作史を正確に調べれば、陸奥や陸中に比較的安定した稲作が確立するのは一六世紀も末頃と考えてよかろう。

稲は長い年数をかけて次第に寒さなどへの適応を重ねた事実を考え合わせると、この経路がわが国に稲を伝えた古い道であったとはにわかに首肯しがたい。

半島を経由したケースとして考えられるのは、淮河の周辺から黄海を渡り、今日の韓国南部から九州に達した伝播経路であろう。有名な釜山近郊の金海貝塚から出土した炭化米の存在が、そのことを証明しているといえよう。

しかし、このような場合に、朝鮮半島を経由して日本に達したと解釈する必要はないであろう。韓国南部と九州北部へ、ほぼ同じ時期に到着したと考えても誤りはないのではなかろうか。

かつて、安藤広太郎が『わが国の稲作は韓国南部とほぼ同じ時代に双方において始まり、わが国と韓国南部との間にはいずれからいずれに伝えたというのではないように思われる』という説に、わたしも同意したい。

この、韓国南部と九州北部の、ほぼ同時期に稲作のもたらされた地域、あるいは稲作を受けいれた地域こそが、「倭人」のいた地域とみられる。なお、金海貝塚から出土した炭化した米粒は紀元後一世紀ごろのものとみられている。

「南船北馬」という言葉がある。中国の南では、船が発達していた。

中国・江南の民のなかには、たまたま、朝鮮の南部や、北九州に漂着したものがおり、数千年のあいだには、往復の方法をみいだした者もいたのであろう。

数千年のあいだには、さまざまなルートで稲がはいってくることがあっただろうが、メインに

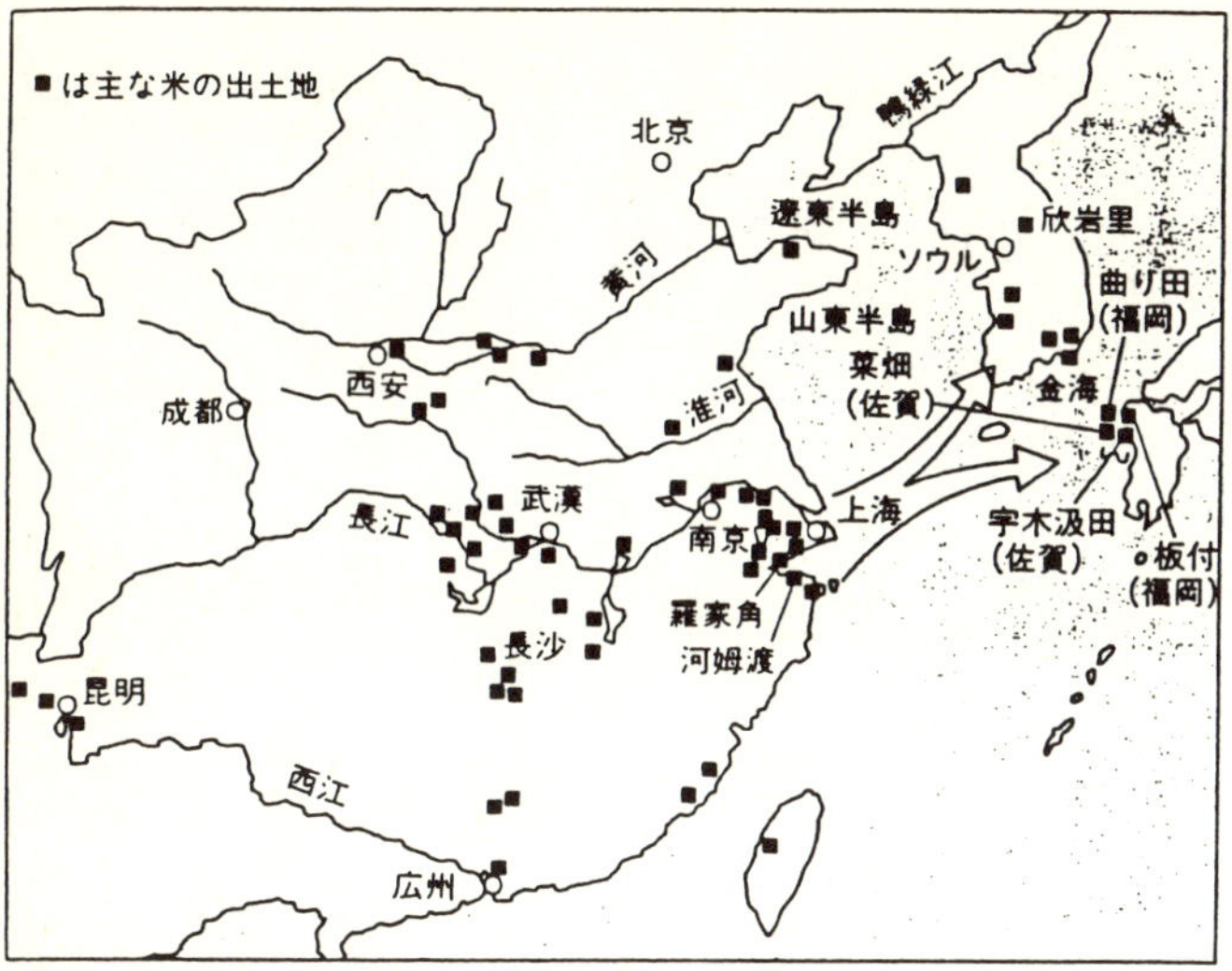
■は主な米の出土地
北京
鴨緑江
遼東半島
欣岩里
ソウル
黄河
曲り田
(福岡)
山東半島
菜畑
(佐賀)
金海
西安
成都
淮河
武漢
長江
上海
南京
宇木汲田
(佐賀)
板付
(福岡)
羅家角
河姆渡
長沙
昆明
西江
広州

稲作は江南から

なったのは、江南から直接きたルートであったようである。

外来の民族で、現代の日本民族や日本文化の形成に、もっとも古くもっとも大きな影響をもたらしたのは、北方騎馬民族ではなく、南方就船民族であったようにみえる。

(2) 唐僧鑑真の渡来

のちに、唐の僧・鑑真(日本律宗の祖)は、日本に渡るのに、大変苦労している。第一回と第四回とは妨害にあい、第二回、第三回、第五回は、風浪にさえぎられた。第六回目のこころみでようやく成功し、七五三年(天平勝宝五)に日本にきた。

鑑真一行は、たまたま入唐していた遣唐副使の大伴宿禰古麻呂の船に便乗し、七五三年の十一月十六日に東シナ海に乗り出し、十一月二十一日には沖縄につき、十二月六日に沖縄を出航し、十二月七日に屋久島につき、十八日に屋久島を出発し、二十日に、薩摩の国の秋妻屋浦(鹿児島県川辺郡坊津町秋目)に入港し、翌七五四年二月に、法進・思託・如宝ら二十四人の弟子たちとともに入京している。やはり、海上の日数は、それほどおおくはない。鑑真が日本にきたのと同じ年の七五三年には、唐にいた阿倍の朝臣仲麻呂が、帰国をしようとしたが、難航し、安南に漂着し、唐にもどり、結局唐の都長安で没している。

渡海には苦労したようであるが、天候にめぐまれたばあいには、案外短い日数で、日本から、中国に渡り、中国から日本にきているようである。

以上で安本氏の貴重な論説をおわる。

（3）日向三代の皇子（隼人族の英雄か）

さて、わたしの疑念（水田耕作は南朝鮮から伝わった）とする説は見事にくつがえり、胸を撫でおろしたが、ここではしなくも、わたしの古代史に関する基礎知識は旧制中学四年生止まり、を暴露してしまった。

と、いうのは古代史における「命や尊」はすべて実在の人物で、死後、神として祭られる「命・尊」もあれば、ただの「命・尊」で終る人もあると思っていたのである。

その誤った考えを糾してくれたのが、松前健（前奈良大学教授）著『日本神話の謎』である。

わたしははじめ、ニニギノ命は実在した人物で、船ではるばる南海から笠沙の岬にやってきたと考えていた。これが全くの見当違いで、緻密な文献考証と実地調査が必要であることを知ったのである。そこで、松前健氏の御著『日本神話の謎』から「日向三代の皇子」を紹介して、ご了承をいただくことにする。以下に記す。

天孫ホノニニギ、その御子のヒコホホデミ、さらにその御子のウガヤフキアエズ、の三代は、ふつう「日向三代」といわれる。最後のウガヤから第一代の神武天皇がうまれるわけであるから、これらの三代の皇子たちは、もちろん皇室の祖先の英雄であるとされている。しかし、この皇子たちの出身地、その居住地や墓地をよく見ると、どうみても、隼人族と結びつけないわけにはいかない。

ホノニニギ天孫降臨も、一般に高天が原神話の一つとされるが、能く見ると、南九州の隼人族の住む地の山に、日の御子のひとりが降り立ち、その地の土豪に国土を献じられ、隼人の女性首長、ないし族祖の巫女を娶り、神裔を残したというかたちの説話にすぎない。

ホノニニギの伝承が、大和宮廷の伝承ではなく、日向の風土伝承であったらしいことは、『釈日本紀』に引く『日向風土記』逸文に、日向国臼杵郡の知舗郷として記されている説話では、ホノニニギが日向の高千穂の二上峰に天降ったとき、天が暗く、昼夜の別がなくなったが、オオハシ、オハシというふたりの土蜘蛛(土雲)の建言に従い、ミコトが稲の千穂を抜き、モミとなして、四方に投げ散らしたところ、天地がふたたび明るくなったという。
ホノニニギという名は、稲穂が赤らみ、にぎにぎしく稔るさまを表わす神名であるから、この説話にふさわしい。

この説話は高千穂の里という意味のチホという地名の起源説話である。

カササノミサキの場所は、現在わからないが、『書紀』の一伝では、ミコトはそこから長屋の竹島(薩摩の川辺郡竹島)に登り、その地を巡覧し、またカムアタツヒメと婚し、ヒメが産屋で御子たちを生んだが、竹刀をもってその御子の臍の緒を切った。その棄てた竹刀が竹林となった地を竹屋(のちの薩摩川辺郡鷹屋)というと記される。

これら、御子たちの陵墓の記事が、『日本書紀』神代の巻および『延喜式』諸陵寮の部に見える。

ホノニニギは筑紫日向可愛山陵、ウガヤフキアエズは日向吾平山上陵、ヒコホホデミは日向鷹屋山上陵、とそれぞれ葬られたという。

可愛山稜の位置は『倭名抄』にいう薩摩国江乃郡枝娃の地、高屋山上陵の地は、大隅肝属郡鷹屋、もしくは薩摩阿多郡鷹屋かいずれかであるといわれる。吾平山上陵は、神武天皇の妃アヒラヒメのアヒラとも同じく、南九州の地名であった。『倭名抄』には、大隅の各地にアヒラという名が頻出する。

これらの地が今の鹿児島県のどこに当たるかなどは、さしたる問題ではない。要するにこれらのミコトたちの伝承が奈良から平安にかけての現実の南九州の地名と結びついて語られていたという事実こそ重要である。

これらのミコトたちは、隼人の地に生まれ育ち、代々隼人の母をもち、また隼人の妻を迎え、この地に墓所をもった人物であったわけだから、正しく隼人族の出身である。

彼らの伝えた英雄伝承が日向三代の神話であろう。

(4) 考古学からみた笠沙の岬

(い) ゴホウラ貝の腕輪

笠沙の岬を考古学からみたらどうなるか。教育社発行の井上辰雄氏著『熊襲と隼人』に、次の如き記事がみえる。「縄文時代後期後半に属する市来式土器は、鹿児島県市来町から出土した土器の様式を基準とし、海岸地帯に広く分布している。

北は島原半島、南は那覇市付近、東は宮崎市などに見出されるが、そこには海を介する結びつきが存在した。海上交通のルートが現代人の想像を大きくこえるだけの規模をもって広がっているのである」

市来川上貝塚からは四センチもある骨製釣り針が発見され、外洋の漁撈のあったことが想定される。事実、鮫・真鯛などの外洋系の魚の骨がこれらの貝塚から発掘されている。丸木船程度の原始舟を駆使して、荒々しい外洋まで繰りだしてゆく勇ましい人々のエネルギーが、熊襲・隼人文化の根底にひそんでいたのである。

弥生初期を代表する遺跡は、高橋貝塚である。

ここには北九州の弥生式土器、最古の板付式土器が飛火するように導入されている。

この遺跡は金峯町高橋にあるが、そこからは籾痕のある土器や穂づみ用の石包丁などが発見された。ここは東シナ海に面しているので、水田耕作が飛地的に行なわれるようになったのも、海上からのルートを考えねばなるまい。

この遺跡から出た注目すべき遺物は南海産のゴホウラ貝だが、これで腕輪を作っている。

この貝は、はるか南海からもたらされたものだが、現在、久米島・奄美諸島・薩摩半島の東シナ海側・有明海周辺・北九州・山口県土井が浜・松江市付近、瀬戸内にはいり大阪湾にいたる遺跡から発見されている。

以上を総合して考えると、次のようなことが言えるのではなかろうか。

(ア)「市来町」は、野間半島(カササノミサキ)の北にあり、古代阿多隼人の住んだ地域である。故に、市来式土器の分布から、すでに縄文の終りころには、隼人はかなり広範囲な海上で活躍していたこと、つまり、隼人がすぐれた海人であったことがわかる。

(イ)「高橋貝塚」は、阿多隼人の本拠であった加世田市のすぐ側にあり、野間半島からもきわめて近い、ということは、カササノミサキのあたりに最古の弥生文化、稲作文化があったということである。それは、北九州から飛火してきたと考えるよりも、長江下流地域から直接もたらされたとしたほうが妥当かもしれない。

(ウ)「ゴホウラ貝の腕輪」がカササノミサキあたりをもとにして、北九州・山陰・瀬戸内・大坂湾まで達していることは、古代隼人の活躍した範囲を示している。だとすれば同時期に広がった稲作文化もまた、隼人の力によって広がった可能性もあるのではなかろうか。

(ろ) 坊津(秋目浦)

『隼人世界の島々(海と列島文化・第五巻)』大林太良著者代表より

（ア）遣唐船が難破した理由

坊津は薩摩半島の南西端、カササノミサキのすぐ南に位置する港町である。古くは、伊勢の安濃津、筑前博多の那の津と共に、日本三津と称され、遣唐船の発着港であった。遣唐船によって坊津と結ばれていたのが長江下流域であったことは言うまでもない。遣唐船がこうした南路または南島路（以下、まとめて南方路と表記）をとったことは、このコースが奈良時代になって初めて開かれたというよりも、それ以前からすでにこのコースがあったのを遣唐船が利用したと考えたほうが妥当ではあるまいか。

古代から、長江下流地域を中心として、北は山東半島から南は香港島にいたる中国の海岸一帯で活躍していた「越の海人」と南九州にいた「隼人の海人」とは同種の可能性が大きい。というよりは、前者が日本列島にきて後者になっていったと推理しているのが「長江・隼人・吉備ルート」の立場である。そして、両海人は遣唐船時代よりも前の古墳時代、更に前の弥生時代、いま一つ前の縄文時代の終り頃から、互いに東シナ海を越えて往来していたと推察される。新羅との関係悪化のため、遣唐コースを南方路へ変更した政府のリーダーたちも、「長江・隼人ルート」が古くから存在していたことは知っていたと思われる。

ただし、彼等は、コースは変えても従来通り住吉の海人（政府のお抱えの海人）にのみたよっていた。南方路による遣唐船がしばしば沈没した理由は、住吉の海人は瀬戸内海・朝鮮海峡・朝鮮半島沿岸の事情には通じていたが、東シナ海を横切る航路に関する海流や風の知識には欠けていたからである。住吉の海人も、その先祖は隼人の海人と同じく越の海人の流れを汲むものだが、八世紀のころには既に東シナ海の知識を失っていたのである。このことは古記録をみれば明らかな筈である。すなわち、なぜこんな条件の悪い季節にと、首をかしげたくなるようなときに船出しているのである。

古代史研究者のなかに、この点を疑問視している人はおられるが、その答えをはっきり出している人はまだいないようである。政府の保守的なリーダーたちは、南方路コースになってからも隼人の海人を信用せず、そのすぐれた航海技術や知識を用いようとはしなかったというのが、事の真相だと思われる。

(イ) 鑑真の渡来コース

ところで、鑑真が到着したのはカササノミサキのすぐ南にある「秋目」、即ち、坊津である。そして、その出発地は蘇州である。つまり、彼は長江下流地域から隼人の地にきたわけで、「長江・隼人ルート」でやって来たということになる。

「唐大和上東征伝」によって、その渡航コースと日程を略記すれば、つぎの如くである。「時は、

天平勝平五年(七五三)、十一月十六日、蘇州を出航。同月二一日、沖縄島着。しばらく停泊。一二月六日、沖縄出航。同月七日、屋久島着。同月一八日、屋久島出航。風雨に苦しむ。同月二〇日、秋目着」(渡海日数計十一日)

(は)坊津は民間貿易の根拠地

時代は下がるが、中世の倭寇もまた多く坊津から中国沿岸各地に向かっている。また、鎖国時代にも坊津は中国沿岸との密貿易の根拠になっていた。こうしてみると、坊津は、換言すれば隼人の地は、古代・中世・近世を通じて、特に「民間貿易」において、中国沿岸各地と密接にむすばれていたと言いうるのである。われわれは民間貿易を重視したい。

倭寇や密貿易(いずれも民間貿易)に関する詳細は、国の正史にはほとんど記載されていない。このように中世や近世のことでもそうである。まして、古代における長江下流地域と隼人の地の間に行われた民間貿易にかんする正史の記録は皆無である。だが逆にいえば、倭寇や密貿易は史実であったのに正史に載っていないわけだから、古代における長江下流域と隼人の地との民間貿易の記録がないからといって、それが存在しなかったとは言い得ないであろう。遣唐船が北路から南方路に変更したという事実が、その存在を証明していると思われる。

それは前記のごとく、北路から南方路に変えるときになって、初めて政府が研究して南方路を開拓したものとは考えられないからである。南方路は、それ以前からすでに通じていたとしか考えられない。政府は、その既設のコースを利用したまでのことである。南方路に関する古くから積み重ねてきた経験や知識があったればこそ、政府のリーダーたちも南方路をとることを決めることが出来たと考えられるわけである。（以下略）

（5）中国史書にみる倭人

昭和五十年五月『大いなる邪馬台国』を発表し、大好評を得た鳥越憲三郎氏は『倭人の源流を探る』と題して、次のように述べている。

さきに中国人の地理観で、日本列島を南北に伸びたものとし、揚子江の南の会稽・東治の東方海上にあるとみたのは、文身《いれずみ》の風習だけでなく、もう一つの理由があった。それは周時代から、倭人と称するものが揚子江の南にいて、朝貢していた事実があったからである。

後漢時代の撰である『論衡』によると、その第八儒増編に、「周時天下太平にして、越裳、白

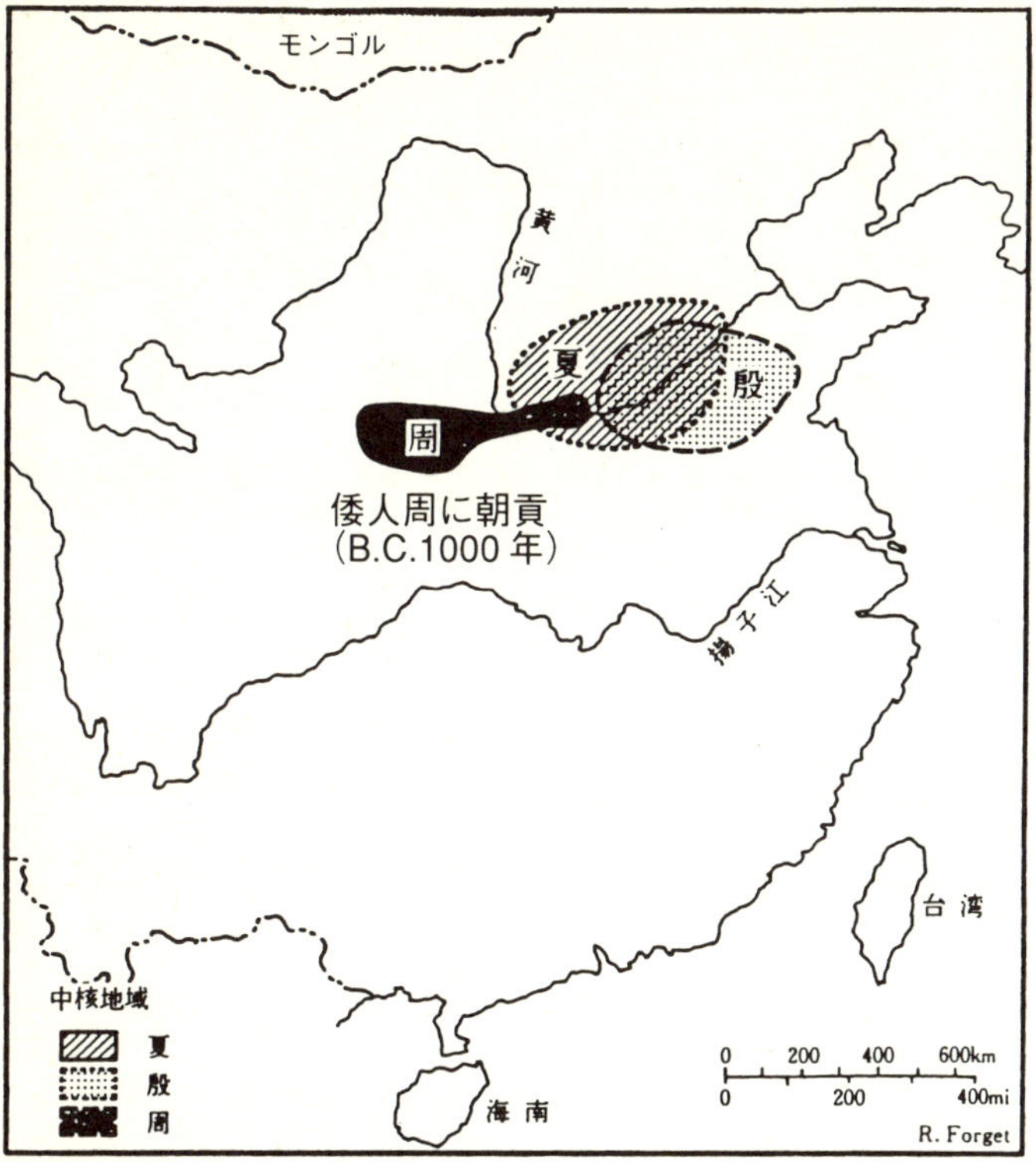
モンゴル
黄河
夏
殷
周
倭人周に朝貢
(B.C.1000 年)
揚子江
台湾
中核地域
夏
殷
周
0 200 400 600km
0 200 400mi
海南
R. Forget

中国史書にみる倭人

雉を献じ、倭人暢草を貢す」とみえる。第十三超奇編にも「暢草は倭より献ず」、また第十九快国編にも「成王時、越常、雉を献じ、倭人、暢草を貢す」と記されている。

最後に見える成王は、周代の戦国七雄の一つであった楚の成王とみられるが、楚は揚子江中流域を領有し、成王は紀元前六五〇年前後の王である。

なお越裳・越常は同じ音韻の字を用いたもので、揚子江下流域にあった越の国のことである。また、暢草は黒キビの酒にいれる香草で、のちにウコン草と呼ばれたものではないかといわれる。原産地は揚子江上流の蜀地や西戎の地で、中流域南方の湖南・江西省地方にも分布していた。

その香草を産する江南地方に住んでいた倭人のことが、早くから知られていたのである。

そのことに関連して、『晋書』四夷伝の倭人の条に、「みずから太伯の後という」とみえる伝承もあながち否定し去ることはできないと思える。

その太伯は父が弟に位を譲りたく思っているのを知り、みずから出奔して荊蕃に入り、文身、断髪したという。その地は揚子江下流にいた越や呉と、中流の楚との間である。そしていつしか太伯は呉の祖先とみなされるようになる。

そのために倭人は、呉の太伯の裔という伝えになるが、それは太伯伝説を共有したことによるものである。それは地縁的関係によったのであろうが、倭人は呉とは異なるものであったとみてよいと思う。

しかし呉も越もともに文身の風習をもち、揚子江の南域に住んだこれら民族は倭人を含めて、もとは同じ種族系統に属していたのではなかったかと思える。少なくとも漢民族とは異なるものであった。それを苗族ないしオーストロ・アジア語族と結びつけてよいかどうかということは、今後の研究をまたねばならないであろう。

稲作のわが国への渡来経路については、これまで多くの人が紹介しているように、三つの道が想定されている。

一つは南方から南西諸島、すなわち沖縄を経由した道。

二は中国北部から朝鮮半島を経由した道。

三は江南から東シナ海を経て九州に入った道。

の三ルートがある。これらの中で
一の道は前述のごとく考古学的立場からみて誤まっていることがわかる。

二は河南省で出土したヤンシヤオ文化の陶片についた籾痕から考えられたものであるが、経路の南満州や北朝鮮は畑作地帯で、水稲の行われた事実のない地域を越えて、わが国へ伝来したとみるのは無理である。

そこで必然的に江南地方からの渡来しか考えられないのである。最近、この道を支持する人が多くなったのも当然である。

したがって江南、すなわち揚子江中・下流の南にひらけた広大な平野に、舟と稲をもって上流から下った人たちが定住し、彼らが何かの理由で、海を越えて北九州に上陸したものと考えられる。これが稲作をもたらした倭人で、彼らによって弥生時代がはじまるのである。

(6) 血液型にみる日本人

オッテンベルグの血清学的人種区分によると、湖南型はO型二八％、A型三九％、B型一九％で、これと同似の分布率を示すのは、世界中でも、この揚子江南域の湖南省民と、このほかには日本人とハンガリー人の三者以外にはないという。

ハンガリー人は古くから日本人と人種的に似ていることが論ぜられたものである。その後にも楊鳳鳴氏の湖南省民の調査や、古畑種基氏による日本人の調査が行われ、前記の比率に少しの増減があったが、全体として変わらないことが確認されている。

血液型においても、日本人が湖南省民と同似だということは、一つの目安としての資料だとはいっても、これまで論証してきた問題と考え合わせて、無下にしりぞけることはできないように思われる。

実際この湖南省は、倭人と称して周時代から暢草を貢献した土地にあたる。また航海技術と稲作技術をもち、ことに弥生時代の高床式高倉や、稲穂を摘む半月型石包丁も、ともに江南下流域にみるものである。さらには文身する民族の住地でもあった。この事実は、弥生文化をもたらした日本人の源流をさぐる上で、重視してよいものだと思う。

この倭人と居住地を接していた同系の部族とみてよい越人でいうと、彼らは湖北・湖南から揚子江の下流域に出て越国を建てた。そして戦国時代に楚に滅ぼされるや、四散して南の広東・福建にのがれ、さらには安南やベトナムにはいって行った。

このとき倭人も影響を受けたと思われる。実際、弥生文化をもって日本へ渡来した紀元前三〇〇年前後の時期からみると、紀元前三三四年に揚子江下流域にいた越が滅亡して四散したとき、倭人もまた民族移動したものとみてよいだろう。

倭人の古里が、湖南省を中心とした地域であったことは確かである。しかし日本へ渡来した倭人は、その湖南省から直接きたか、あるいは彼らの分派が揚子江の下流域や海岸に住んでいて、その分派が渡来したのか、その点については明かでない。

だが現在でも湖南省には、日本人と同似の血液型分布率を示す住民が住んでいるので、そのことから考えると海岸線に移っていた分派が、越人の四散のとき、さらに海上遠く北上して、日本へ移動したものとみるべきであろう。

魏志倭人伝では、倭人の黥面・文身や潜水漁撈のことから、日本列島の地理的位置を、同じ風習をもつ会稽・東治の東方海上といい、さらに風俗など「有無するところ、タンジ・朱崖と同じ」と記して、ずっと南の海南島とも結びつけている。これらの記事から、倭人がそれら南方海域の沿岸にいたとみるよりも、倭人と同系の諸族が分布していたからであろう。

しかし中国人は、倭人が古く周時代に江南地域にいたことの知識をもっていた。その倭人が漢代に入って、日本列島からあらためて中国へ入貢してきた。しかも南方海上の沿岸には、同似の風習をもつ諸族もいたことから、漢人は日本列島の地理的位置を、南方海域の東方に南北に長く伸びたものと錯覚したのだと思う。

（以下略）

第三章　天孫降臨神話の源流

(1) 源流は農耕神話

第二章3項「日向三代の皇子」を隼人の出身であると、喝破された松前教授は、更に、氏の『日本の神話と古代信仰』において、その核心となる部分を次のようにのべている。

わたしは、天孫降臨神話や物部氏の降臨譚が、百済の都城制にかかわっている五部制の思想に基づいているとか、朝鮮語であるソホリとかソボリ、亀旨峯(クシムル)というものと似た名前のクシフルなどの語が出てくることなどは、みな百済や伽羅などからの影響だということは、認めないわけにはいかないと思っています。そこまでの一致は、偶然とは考えられないからです。

しかし、このことは、これらの伝承をもたらした民族集団が大量に、ある時期に一挙に侵入し、支配者となったということを必ずしも意味しないと思います。

この百済や伽羅の神話との類似性というのは、これらの国が、日本の古代国家ときわめて密接な交渉を持ち、文化の交流が常に行なわれ、また、数多くの移民が各地から日本に渡ってきた事実と関係があるのです。

また、王権神話、建国神話の類似は、朝鮮半島の諸国から王族や高官が日本の宮廷を訪れ、交流が行われたという史実とも関係があります。

天孫降臨神話のもっとも古い形は『日本書紀』本文に見られ、そこではタカミムスビが出てきますが、アマテラスは出てきません。このタカミムスビが生まれたばかりのホノニニギノミコトを真床追衾という布団に包んで天降らせますが、この話の中には、三種の神器も五部神も出てきません。

ですから、『日本書紀』の本文では元来、三種の神器や五部神の登場しない素朴な神話であったということになります。わたしはこの話の原形というのは、むしろ農耕神話だと思っています。

このタカミムスビは農耕の神、つまり生産の神だったのではないかと思います。

ですから、この天孫降臨の神話というのは元来、生産の神であるタカミムスビが、若々しい稲魂の神ホノニニギノミコト——ホノニニギは、稲穂がにぎにぎしくはえている、実っているということを表わす言葉——に稲の穂を持たせて地上につかわし、人間の世界に稲作農耕が始まったという古代の収穫祭の由来話、つまり古代の収穫祭は「新嘗祭」といいますから、新嘗祭の縁起譚です。

これが、やがて大和の大王家に伝わって大きく取りあげられ、稲の神が天降りする話ではなくて、皇室の祖先のある大王が天から降った話にしてしまったのです。つまり、一種の農耕神話だったものが政治神話にされてしまったのです。

タカミムスビは一名、高木大神と呼ばれています。この神は、宮中神祇官の八神の一人として、祈年祭、月次祭等の農耕の祭祀に祭られましたが、特に大嘗祭では、斉田のかたわらに建てられた仮宮に、神木を依代として祭られました。

要するに、後世の田の神の祭りにみられる、田の水口に立てられた神木と同様なものです。決して騎馬民族の奉じる天神ではありません。

(2) 渡来人の役割

また、五部神とか、神器とか、神勅とかいったものの登場も、こうした素朴な農耕祭式から分離して、数多くの政治的な潤色が加わった時代の産物、つまり七、八世紀ごろの『古事記』や、『日本書紀』の編纂時代のものであり、決して、四、五世紀ごろに侵入した騎馬民族の持ち込んだモチーフではありません。

『古事記』や『日本書紀』や『新撰姓氏録』などといった古典を見ますと、四世紀末の応神朝ごろから、新羅・高句麗・百済・伽羅といった朝鮮半島諸国からの大量の渡来民が日本列島に引き続いて渡っており、諸国に移住したと記されています。

ことに、百済や伽羅と日本との関係は密接なものがありました。百済の王室や貴族たちは、六世紀以後でも絶えず日本の宮廷に人質や使臣を送りこんでいますし、そんなことで、天孫降臨神話のなかに、夫余系の山上降臨譚の要素が加わったのは、実は騎馬民族などによって、一挙に持ち込まれたものではないわけです。特に、朝廷の皇室神話における朝鮮系の要素というのは、どうみても百済の影響が強く、しかも、その百済の五部制は、色々な学者がたの研究によりますと、六世紀以後に成立したものなのです。したがって、それ以前に五部制が日本にもたらされたとは思えません。

もしも、天孫降臨神話のすべてが騎馬民族によってもたらされたものだということになれば、天孫降臨神話のあらゆる異伝のなかに五部の話が入ってよさそうなものですが、それがあるものもあり、ないものもあるのです。

『日本書紀』の本文やその一書の六の伝承では、タカミムスビが皇孫ホノニニギを赤ん坊のままで、真床追衾に包んで降ろすのであり、そこでは、五部神も神器も出てきません。アマテラスでさえ出てこないのです。

さきほどのべました『旧事本紀』の中の物部連氏の祖神伝承には、ニギハヤヒノミコトがイカルガの峯に降りてきたという記述があり、ここでも五部制の話が出てくるのですが、これもよく考えてみますと、物部氏が本拠の問題です。

物部氏の拠点は大和の鳥見にありますし、また、石上神宮のある大和の布留の地にもありますが、その本来の原郷、ウルハイマートともいうべき原郷はどこかといいますと、どうやら河内らしいのです。『日本書紀』の雄略天皇の十三年のころに、物部目大連というのが河内国志紀郡の長野郷に大きな領地を賜わり、そこで大連の職に当たったと記されています。

また、おなじく『日本書紀』の崇峻天皇即位前記には、蘇我馬子大臣が大軍を率いて、河内の物部目大連の屋敷を攻めたと記されています。あの蘇我馬子と物部守屋との壮絶な決戦の舞台になった場所です。これは、物部氏の本来の拠点が河内であったことを示します。

したがって、河内のイカルガノ峯(これは生駒山だろうといわれていますが)に天降ったというニギハヤヒの伝承は、河内出自の話であったのでしょう。そして、この物部氏のいた河内は数多くの渡来人、とくに百済系の渡来人がたくさんいた地域でした。

その影響がなかったはずはないのですから、物部氏の祖神伝承というのは、四、五世紀ごろに大量にやってきた騎馬民族の影響というよりは五、六世紀以後、朝鮮半島の百済国領内から日本に渡来してきた人たちの影響と考えられるべきものでありましょう。

(3) 北方アジアからの影響

朝鮮半島が日本にとって最も近い関係にあるのですが、さらにそれを飛び越えて、モンゴル、ウラル・アルタイ、チベットあたりまでの北方アジア圏のシャーマニズムの信仰が、渡来人を通じて徐々に日本に入ってきたということは本当だろうと思います。

日本神話の天孫降臨神話も、もともとそうした巫祖伝承の影響があることは確かだろうと考えているのです。そういうところでは、神はみな天から山を通じて降りてきます。そして、それを象徴する木の枝などを切って祭りの場に立てて、そこに神を迎える。そういう祭典をしています。木は、神を呼び迎える一つのシンボルです。こうした神霊降臨の信仰から巫祖降臨譚がでました。

最後に、そういう話に近いのが、さらに北方アジアやその他の遊牧系の民族にもあるかどうかという問題です。

一つだけあげたいのは、チベット神話に始祖王神話というのがあります。チベットは、ご存じのように、七世紀ごろに密教的な仏教が入ってきました。いわゆるダライ・ラマの信仰です。これは一種の法王みたいなダライ・ラマという最高の位の僧侶が、宗教と政治をともに支配する体制ですが、それ以前は、やはり普通の王国があったらしいのです。

その古い王国の始祖に、ブツアン・ポという王がいまして、彼は天上界の神の子だというのです。

それが、やはり天神の命を受け、いくつかの宝を持ち、天の梯子を通って降りてくるのです。その山のところにいた十二人の原住民をみんな家来にしてしまいます。そして、都を求めて各地を移り歩き、最後にある都に来て王朝を築いたという話です。

わたしはどうもその説話は、日本の天孫降臨神話なんかに出てくる話、それから、さきに言った檀君の神話なども非常に共通したものがあるのではないかという気がします。

これも、もとは巫祖伝承であったのであろうとおもっています。そして、おそらくもとをたどれば、この民族の天降り神話と、日本、朝鮮のそれらとは、一系のものであると思っています。

カナダのアルバータ大学教授のマナブ・ワイダ氏も、この三者の天降り神話を、もと同系のものと見ていられます。

わたしがインディアナ大学で教えたころの学生であったカークランドという若い研究者が、日本、朝鮮、チベットの、こうした降臨神話の類似性に注目し、研究を進めております。

(4) 大嘗祭について

わたしはまた、大嘗祭の祭神をアマテラス大神というよりも、農耕神のタカミムスビノ神として次のように考えております。

古代の大王家は、他の民族たちと同じく、自家の家伝としての農耕的な祭事暦を持っていて、一種の田の神の祭祀をもち伝えたと思います。この農耕神が、その祖霊化に伴って、先祖という型になり、祖先神のタカミムスビという型となるわけです。

神祇官の八神や、大嘗祭の斎田のかたわらの八神(御膳八神)の中に、タカミムスビが祀られているのも、また『日本書紀』の天孫降臨の本文に、タカミムスビだけがでてきて、皇孫ホノニニギを地上に遣わす神話があるのも、この神がもと皇祖神であったことを示します(以上で松前氏の論説を終える)。

さて、それでは大嘗祭とは一体如何なる祭事なのか、早速、国会図書館におもむき『皇室関連辞典』というかめしい辞典から「だいじょうさい」の項目を抜き出し、コピーしてもらった。

ところが、あまりにも専門的なのに辟易し、あらためて新聞雑誌欄から「平成の即位」（朝日年鑑より）という、わたしたちには、ぴったりの記事をみつけだした。

早速、ご紹介する。

◎平成の即位（朝日年鑑より）

＊新憲法下にはじめて

一九八九年一月七日、昭和天皇崩御に伴い、皇位を継承した天皇が即位を内外に宣言する即位の礼が九〇年（平成二年）十一月十二日に、また、即位後はじめて新嘗祭を大規模に行い、大嘗祭が同月二十二日夜から翌、未明にかけて行われた。

大嘗祭で使う米を収穫する東日本の悠紀《ゆき》地方に秋田県、西日本の主基《すき》地方に大分県が選ばれた。

警備上の理由から、田の場所は収穫ぎりぎりにせまってから決定され、それぞれ九月二八日と十月十日に「斎田抜穂《ふきほ》の儀」の神事の後に収穫され皇居に送られた。

＊戦前の「登極礼」を踏襲

十一月十二日、宮殿での「即位礼正殿の儀」自動車パレード「祝賀御列の儀」十二〜十五日の四日間にわたる「饗宴の儀」からなる即位の礼は国事行為として行われた。

皇室典範の規定にもとづくものが、他の儀式・行事はすべて皇室行事として行なわれ、ほとんど一九〇九（明治四二）年に制定され、戦後は廃止された旧皇室令「登極令」が踏襲された。

ただ、即位の礼だけは、国民主権、政教分離を定めた現憲法との兼合いから、いくつか細部の手直しが施された。

正殿の儀では、これまで首相は束帯姿で「寿詞《よごと》」を述べたあと、庭に降りて万歳を三唱していたのを、今回、燕尾服着用で正殿での万歳と改めた。

中庭にたつのぼりの紋様のうち、金色のトビなど神武東征神話を表わすシンボルは消去された。また、「三種の神器」の剣と璽《まがたま》は皇位のしるしとして旧来とおり天皇の玉座に持ち込まれたが宗教色を否定するために、天皇が公務で使う印である御璽・国璽がはじめて付け加えられた。

＊即位の礼

十二日午後一時から約三十分間、宮殿で行われた正殿の儀には、元首級約七十人を含む一五八

ケ国・二国際機関の外国賓客をはじめとする二千二百二十三人が参列、束帯・黄櫨染御袍《こうろぜんのごほう》の天皇が高御座に昇って、

「日本国憲法を遵守し、日本国及び日本国民統合の象徴としてつとめを果たすことを誓い、国民の叡智とたゆみない努力によって、わが国が一層の発展を遂げ、国際社会の友好と平和、人類の福祉と繁栄に寄与することを切に希望いたします」

と、お言葉を読み上げられた。

これに対し、海部首相が寿詞を読みあげ、

「御即位を祝して天皇陛下万歳」と三唱の音頭をとった。同時に陸上自衛隊の二十一発の礼砲が撃ち鳴らされた。

午後三時半、皇居を出発し赤坂御所まで四・七キロの御列の儀では、両陛下はオープンカーで沿道の約十二万人の祝福に答えられた。

宮殿の豊明殿で、同日夜から四日間七回にわたった饗宴の儀では、計二千八百七十九人が出席した。

翌十三日には、赤坂御苑で外国賓客ら七六〇人を招いて園遊会がひらかれた。また同一八日には皇居で一般参賀が行なわれ、両陛下は皇族とともに八回長和殿ベランダに立ち、計約十一万人

の祝福に応えられた。

＊大嘗祭

大嘗祭は十一月二十二日午後六時過ぎから皇居・東御苑に建てられた大嘗宮《だいじょうきゅう》で始まった。

大嘗宮は、史上最大といわれた大正、昭和のときとほぼ同規模で、約百メートル四方の敷地の北側に廻立殿《かいりゅうでん》、その南側に、東西に並んだ悠紀殿、主基殿をはじめとする大小三十九棟の建物や回廊が造られた。

天皇は、まず、廻立殿で湯で身を清めて白絹の祭服に着替え、冠を白布でしばった姿で、笠を差し掛けられて回廊を進み、悠紀殿へ。

三時間近くかけて采女《うねめ》や掌典らが運ぶ供え物を順次、神前に供え、自らも悠紀田の米で作った飯や酒を食された。

いったん廻立殿に引き揚げられた陛下は、翌二十三日午前零時半から同三時半まで、今度は主基殿で主基田の米を使って全く同じ「神人供食」の儀式をとり行われた。

悠紀殿の儀式には、海部首相ら三権の長や閣僚、各界の代表者など七三三人、主基殿の儀には四六〇人が参列した。

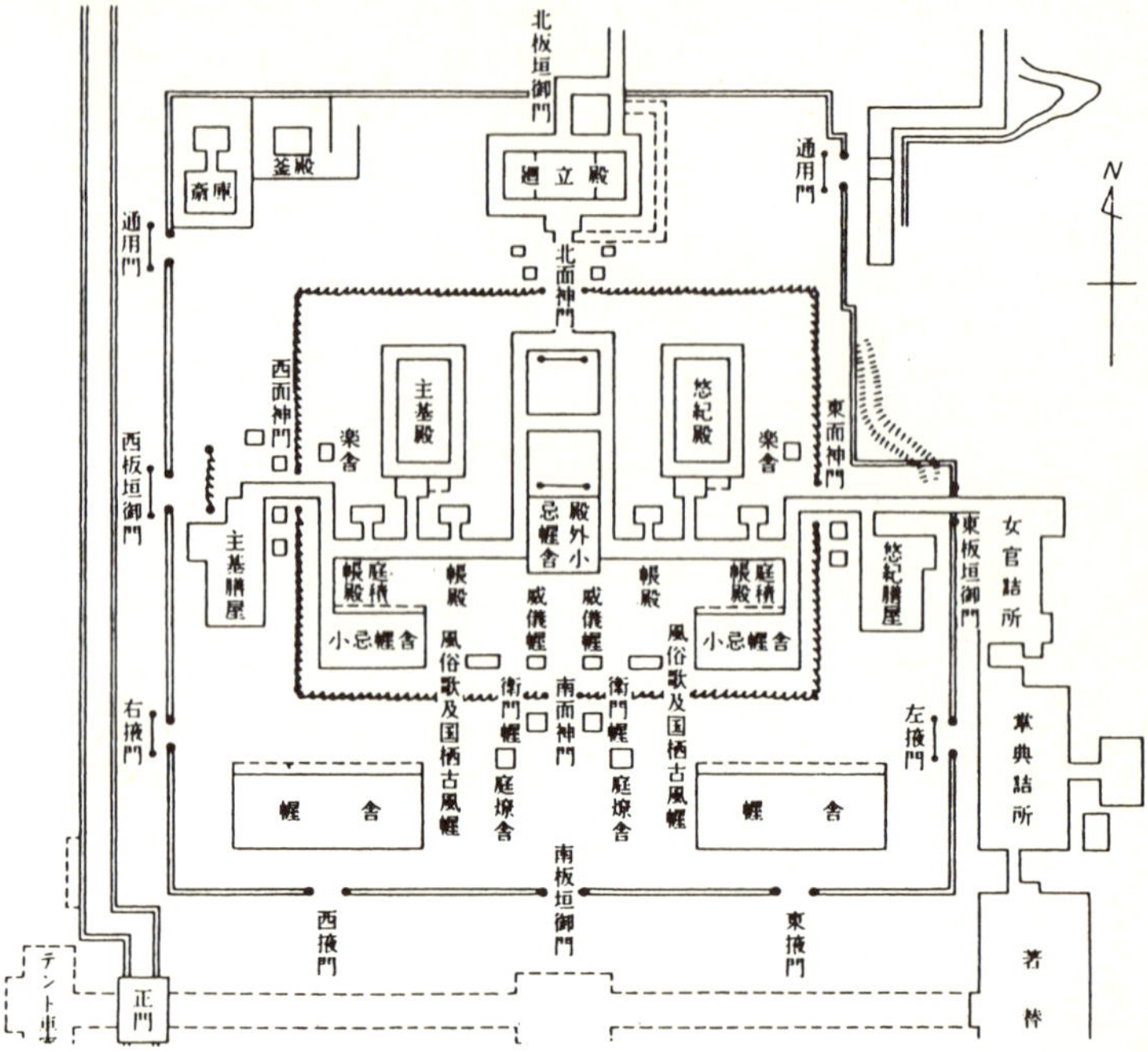
北板垣御門
廻立殿
斎庫
釜殿
通用門
通用門
N
北面神門
西面神門
主基殿
悠紀殿
楽舎
楽舎
東面神門
西板垣御門
主基膳屋
殿外小忌幄舎
悠紀膳屋
東板垣御門
女官詰所
帳殿
帳殿
庭積帳殿
庭積帳殿
小忌幄舎
小忌幄舎
威儀幄
威儀幄
風俗歌及国栖古風幄
風俗歌及国栖古風幄
衛門幄
衛門幄
南面神門
庭燎舎
庭燎舎
右掖門
左掖門
幄舎
幄舎
掌典詰所
南板垣御門
西掖門
東掖門
正門
テント車
著

大嘗殿図

大嘗祭の直会《なおらい》にあたる「大饗《だいきょう》の儀」は、二四、二五の両日3回にわたり豊明殿で行なわれ、計七三二人が出席、伝統の久米舞や五節舞が披露された。

即位の礼、大嘗祭を終えた両陛下は、二七日から一二月六日にかけて、一連の参拝「親閲の儀」のため、伊勢神宮、神武天皇陵、孝明、明治、大正、昭和の各天皇陵を訪問。同三日には京都で関西の各界代表約六〇〇人を招いて茶会を催された。

以上で、新憲法下における「平成の即位」は無事終了した。はじめて平民からの皇后を迎えて新しい皇室の出発であった。しかし、大嘗祭や多くの祭儀は、新憲法の政教分離に反するとか、やみの中の「秘儀」は天皇の神格化につながるなど、一部、国民の批判もつよかった。

皇室、国民ともども多くの課題を解決する要がありそうである。

（以下略）

第四章　神武天皇は虚像か

（1）ある講演会の討論

過日、わたしは久し振りにある講演会に出席した。「大和朝廷とその起源」という題名に牽かれて、わざわざ東京まで出かけて行って聴講したのである。出費は電車賃と聴講代あわせて三千三百円也。

年金生活者にとっては馬鹿にならない出費ではあるが、久し振りにみる大都会の活気と、書店にならぶ膨大な新刊本に圧倒されて、軽い財布の底をみつめながら、なにがしかの本を買ってしまうのである。

講演会は盛況のうちにおわり最後に聴講者からの質問を受けることになった。聴講者の一人が、待っていたかのように質問した。

「神武天皇は本当に実在していたのですか?」短刀直入の質問である。

講演者は一瞬、たじろきながらもとうとうと述べだした。「神武天皇実在論」である。

講演者は現役の教授である。こんどは受講者が一瞬息をのみ、ざわめきながらも真剣に聞き出した。

講演会は盛会裡に散会した。

帰宅したわたしはあらためて、わたしのささやかな本棚を眺めまわし、ため息をついた。わたしの古代史の勉強は、邪馬台国探しがきっかけで、まともな研究書などはない。それでもなるべく古そうな本をさがし和歌森太郎著『日本史の虚像と実像』という本をみいだした。

目次をみると、その序章に「虚像のこわさと魅力」とあり、その内容は、氏の経験した戦争譚である。

わたしも、ごく短いながら太平洋戦争の終末期の悲惨さを経験している。

尤も、氏の戦争譚は日支事変の体験のようであり、わたしの体験は太平洋戦争で大分年代差があるようだが、神武天皇実在論はあとにして『虚像のこわさと魅力』をお伝えすることにする。以下に記す。

(2) 虚像のこわさと魅力

昭和十四年十二月、現役兵として入営したわたしは、仲間と一緒に一週間後には戦地に移されることになった。中国の河南省新郷の地へ向かう旅路についた。

輸送船の中で親しくなった同伴の新兵の一人に東大の医学部を出たI君がいたが、彼がわたしに「もうじき二千六百年だというわけだけど、あんなのウソだろう。大きな声では言えないが、神武天皇って、居たのか居ないのかわからないんだって言うじゃないか」とささやいた。

当時わたしは東京文理科大学の助手として、国史教室に勤務していた、新米の学者である。I君のさそいに応じて、とことこと、いわゆる皇紀二千六百年の虚しさ、そのときからさかのぼって二千六百年前には、まだ縄文時代で、天皇が即位するなどということはあり得なかったのだと説いた。

彼は、そうだろう、そうだろうと一々うなずいて聞いていた。そして、「歴史ってウソばかりで固めてんだなあ、何でそんなものを研究してんだ」と言う。わたしは「いや、だからこそやりがいがあるんだ、国民がウソの歴史を信じこんでいる、その正体というか真相を明かしていくのだ」と答えたのを覚えている。

今日流に言えば、虚像で構成されて世に与えられている歴史に対して、本当はこうだったのだと実像を組み立てる。それが歴史学だとする受け止め方だった。

こんな考え方は、一般にもあった。歴史教育では、科学的真実としての歴史を学習させる必要はない。専門の学者だけが、真相を究めておればよい、という論があった。

教育は教育、学問は学問、とするこの論法は、最近も教科書検定問題をめぐっての論議の中に出てきて少なからず、驚かされた。学問の成果を、程度には段階差があるにせよ、とにかく、正しく教育に活かさなくて、国民が賢くなるはずがない。

「支那事変」のころまでは、それでも歴史学者は真実の探求のために十分に精魂をこめることができた。

歴史教育にそれを近づけぬかぎりは。ところが、昭和十五年、いわゆる紀元二千六百年ということで、皇国史観があおられるに至ってから、学問的にも、歴史の虚像として指摘することを、はばからねばならないようになった。

その三月八日に、津田左右吉の名著『神代史の研究』など、「神代」の観念や思想の因ってきたるところを、彼の独創的方法で研究した業績が発禁処分を受けてしまったのである。

戦地でこのしらせを耳にしたわたしは愕然とし、史学を志してきたことで、わが人生をひどくせばめたなと悔やんだ。

実を言うと、それより前二月十一日当時の紀元節を期して、部隊全員集合の式典が広場で行われた際、わたしは部隊長命令で、はなはだ歯切れの悪い講話をやらされたのである。「紀元二千六百年にかんがみ、肇国の精神を述べる」という趣意の話をせよとの命令だった。

ここに再録するのも恥ずかしいような話をモタモタとして、部隊長以下幹部から褒められて、兵舎に戻った。さきのI君がニヤニヤしながら、「よくまあごまかしたもんだ。――と昔から信じているとか、信じてきたとか言ってたが――である、と君の学問の判断としては言わなかったね」とひやかされた。

明敏な軍医候補生のI君は、こちらの苦衷を察しながら、聞いてくれたのである。

世の中の常識化した歴史、と言うよりも歴史まがいの知識には、じっさい虚像が満ちている。その虚像にはなかなか生命力があって、かなり長いあいだ伝承された結果のものが多い。だから、古くから今まで、そんなふうに歴史として「信じてきた」ものだと言える。

大戦に敗れるまでは、日本国家の成立ちとか、発展の仕方など、一応歴史の骨格をなす大筋が虚像をもって綴られ、それを歴史として「信じ」させ、国民の志気を鼓舞してきた。

しかし敗戦とともに、この虚像はガタガタと崩れたのである。がんらい中国との戦争、そして太平洋戦争と経過する間、国民は「輝かしい国史」という虚像を、しっかりと念頭に据えながら、必死にたたかい続けてきた。したがって、これに散々の犠牲を払った揚句のはてに完敗したことは、虚像の歴史がそれとともに敗れたことを意味する。

そこで戦後、続々といわゆる真相ものが言論界におくられたのと関連して、偽らぬ日本史はこれだと銘打つ、歴史の実像と称するものが、いろいろと公刊されるようになった。その中には、ただ古くからの歴史像をぶちこわし否定することに急で、積極的に実像を示さない類の書物や、いたずらに露悪趣味に堕したものもあった。

本当を言えば、ただ虚像を否定するだけでないことはもちろん、それに代る実像を説き示すだけでも不十分である。なぜ、しかもかなり長いあいだ、虚像的な歴史が伝えられてきたのか。これをだれがどうしてつくりあげたのか。またそれをまことの歴史として信じこむような事情が、どこに、なぜあったのか、そうしたところまで答えねばなるまいと思う。

（中略）

すべて、歴史の虚像もまた、いつかの時代の歴史的所産には違いない。だが時代が変わってくれば、前代の虚像が改修されたりもする。

そうまでしても、人々はいぜん虚像に執着する。事実は小説よりも奇なり、ということで実像本位に、歴史を組立てても、なかなか一般は、そこから歴史を受け取ってはくれない。ルカーチの『歴史小説の古典的形式』の中に引用された、ハインリッヒ・ハイネの言葉にいわく、民衆には不思議な気まぐれがある一歴史家の手からでなく、詩人の手から自分の歴史を受け取りたいと言うのだ。むきだしの諸事実の忠実な報告ではなく、本源的な詩——そこから諸事実が生じた——の中にふたたび溶かされた諸事実を欲するのだ。

たしかにそうだろう。しかしその詩におどらされ、社会的に誤った行動を起こしたりしないように、虚像を生んだ実像と、虚像のもつ意味をはっきり分けた理解を、わたしは求めていきたいと思う。

(3) ヤマトタケル(古代英雄像の集約か)

若くして明治の末に死んだ天才画家、青木繁はしばしば神話的伝承の世界を描いていて、数々の傑作を遺している。浪漫的構図の中に、力強いタッチをもって、彼独特の色彩感覚でとらえられた絵は、古代伝承の夢幻の世へと、おのづからにひきこむ魅力をそなえている。その中で、わたしの好きな絵に「日本武尊」がある。

ヤマトタケルと言えば思い出す草薙の剣のいわれ話、これを主題にした青木は、火攻めに遭って焼野原となったところに、ぐったりとしゃがみこむ家来を脇にして、矛と剣とを握り、はるか彼方の一点を凝視しつつ、颯爽毅然と立つ若皇子を描いている。グルーミーな彩りにおおわれたところが、いかにも悲劇的英雄の生涯を凝集させている。

ヤマトタケルの人間性、その悲劇の一生の話が国民に親しまれているのは、もっぱら『古事記』の伝承から由来する。『日本書紀』の記述では、たくましい遠征将軍としてのイメージである。一般が知るヤマトタケルは、大王すなわちスメラミコトになったものではない。しかし日つぎの皇子ではあったようだ。『常陸風土記』では『倭武天皇』としてたびたび語られている。

しかし、こうはっきりと「天皇」と記されてみると、果たして普通に言う景行天皇の皇子小碓命だけが、ヤマトタケルだったかどうか疑問もある。思えば、この名はヤマトないしは日本の雄者ということであり、固有名詞ではない。ヤマトの王権を拡充していく過程に、タケダケしく武威をふるって東奔西走したと信じられる将軍像が、ヤマトのタケルだったのではないか。同様にして、出雲には出雲建、九州南の熊襲には熊襲建もいた。

だから、ヤマトタケルとは、いわば集合的表象である。西暦四七八年に、雄略天皇に相当する「倭王武」が、中国の宋の順帝のもとへ使者をやり、上表文をさし出したと『宋書』の倭国伝にあるが、その文中に、「昔より祖《ソ》禰《デイ》躬《みずから》甲冑をつらぬき、山川を跋渉し、寧処（休息）にいとまあらず。

東は毛人を征すること五十五国、西は衆夷を服すること六十六国、渡りて海北を平ぐること九十五国」とある。大王自身が甲冑を着けて、各地方を休みなくめぐり、それぞれを征伐し平定してきた。結果として東は毛人すなわち蝦夷を征すること五十五国、西方では、熊襲隼人を服すること六十六国に及んでおり、海の北、韓の地まで進出して九十五国も平らげています」とまことに大言壮語をならべた。

いかにも「倭王武」らしい表現で、誇張は大きいけれども、ヤマトの王権を確立するまでに、幾たびも王自身を中心にして、東に西に、各地の豪族首長を押さえる兵戦に出陣したとの伝承は、五世紀末の大王家に語られていたのであろう。

(4) 白鳥の死

景行天皇の皇子とされる小碓命は、『古事記』によれば、ようやく成年に達したと思われる年頃に、あまりにも乱暴な性格の故に父から熊襲征伐を命じられた。出発にさいし、伊勢の神宮に参り、叔母のヤマトヒメから衣裳と剣とを授けられた。そして熊曾建のところに達して様子をうかがうと、さかんな酒盛りを計画しているらしいので、その日を待ち、童女の姿に化けて、建の室の中に入り、酒宴にはべるふりをして、いよいよ宴たけなわのさい、懐剣を出して建を刺し殺し、その弟をも降した。このとき、正体を問われ、あなたはヤマトタケルとよばれるにふさわしいと言われたとのこと。

このあたりは有名な伝説である。

九州を平らげてから出雲に行き、出雲建に近づき、これをだまし討ちした。

こうして天皇のもとに帰って休む暇もなく、東国の蝦夷平定を命じられた。こんどは単身ではない。

吉備の臣をともなった。ヒイラギノ八千矛が天皇から与えられた。

皇子はまた伊勢に行きヤマトヒメに会い、父親が自分を酷使することを、訴え泣き、今度は生きて帰れないだろう。父はそれを期待するかのようだと語った。叔母は小碓命を励まし、草薙の剣と、ある袋を与え、非常のときこの袋をあけよと教えた。

そこから尾張に赴き、その国の首長の家でミヤズヒメに思いをかけたが、帰路の途次に結婚をと誓いあい、東進した。ところが、東海道を行く途中、相武の国の首長にだまされ、野火で攻められた。

叔母に与えられた剣で打ち払いつつ、袋の口をあけて火打石を取出し、逆にこちらから野草を焼き返し敵を皆殺しにした。

ついで、走水の海をわたる話になり、激浪を治めるために、妃のオトタチバナ姫が海中に身を投じ、犠牲になって無事海を渡ったと言う。オトタチバナ姫はここで突然あらわれるのだが、焼津で火攻めにあったところに、皇子が認めて求婚した女性らしく、姫が入水するにあたって詠んだ歌によってそれが察せられる。

その後、蝦夷その他を降服させる旅がある。これに関係して『常陸風土記』にもヤマトタケル（スメラミコトとは言うが）にまつわる伝説が多い。

『古事記』は、タケルの帰路を、足柄から甲斐にしている。途中走水を想起し、三たび「あづまはや（ああ我が妻よ）」と嘆息したと言う。甲斐で酒折宮にとどまり、例の連歌のもとだとされる「新治筑波を過ぎて、幾夜か寝つる」との問いかけに、火焚の老人が「かがなべて（日を指折り数えて）夜には九夜日には十日を」と答えたとの歌がかわされた。

こうして信濃から尾張に赴き、待ちかねていたミヤズヒメと酒盃をくみかわしつつ、ようやく交わりに至ろうとする。ヒメの月の障りをみても求愛の情の深さと受け止めて結び合う。

この濃厚な話のあと草薙の剣をヒメのもとに置いたままの息吹山行きとなり、ここで苦難に遭う。

くたくたに疲れきったところで、病気になる。よたよたと伊勢路の旅を続け尾張やヤマトのことをしのび、歌を詠みつつも、ついに帰り着くことができず鈴鹿の能煩野で死ぬ。

これが『古事記』のヤマトタケル物語であり、古代文学としての一秀作になっている。ヤマトタケルの死霊が白鳥となって昇天したとの話は記紀に共通である。

この死霊が白鳥と化するとの伝えは世界的なものである。白鳥の飛び舞う姿を見た人たちが、あれは遺骸を地上にとどめずに死んでいった、だれか神秘な方の成り変りだろうと言い合ったのである。遺骸を埋めない霊だけの墓を、塚のように築いて、これを白鳥塚とよんでいる例はある。

（以下略）

(5) 銅鐸の謎

ところで、歴史学者の一部に根強く主張されているこの「北九州勢力の東遷説」にたいして、現在の考古学者はどのように見ているのであろうか。実は、あまり同情的とは言えないのである。手堅い論証をもって次々と歴史学上の問題に清新な仮説を提起している京都大学の小林行雄氏も、そのような反対論者の一人である。小林氏は言う。

「歴史学者は、あまりにも単純に二大文化圏の対立を云々する。しかもそれは、単に見かけ上のものにすぎない。というのは、銅剣・銅矛は弥生時代の中期に発生したが、銅鐸は後期になって発達したものである。また、前者の青銅器の原料は朝鮮からえたものであるが、銅鐸は、銅剣や銅矛を鋳潰してつくったものである。

とすると、まずはじめに銅剣・銅矛が西部日本から中部日本にかけて広がっていた時代があり、ついで中部日本がその銅剣・銅矛を鋳潰して銅鐸をつくったのである。だから、両文化圏の対立は見かけ上のことで、はじめは一部にひろがっていた銅剣・銅矛の文化のなかから弥生後期ごろになって畿内の勢力が強くなり、銅鐸文化圏を生み出し、北九州ではその古い文化がそのまま停滞したのである」

つまり、畿内の銅鐸文化は、北九州の銅剣・銅矛文化よりも一段高い文化だとしたのである。

さらに小林氏は、銅鐸が突如として消えた理由について、つぎのように説いている。

「銅鐸が消えた理由を、その出土状態からみて、人々がこれを放棄したと考えることは、ある意味では当たっている。だがそれは、剣や鏡を呪術宗教のシンボルとする北九州勢力の侵入のためではなくて、社会構造が変わったからである。いったい、銅鐸は共同体の祭器であり、伝讃岐

（香川県）出土の絵画も示すように農業の収穫の祭器であったと思われる。

それは一つのムラごとに、たとえば一つずつというような大事な祭器であったが、ムラが合併されると、おのずから、これを率いるムラの首長がその祭器を集めるようになるのであって、滋賀県の野洲町の大岩山で大小十四個の銅鐸が一個所にまとめて埋蔵されていた（一九六二年にはさらに十個が発見された）のもその現れであった。

しかし首長の属する共同体の規模をこえた、もっとおおきな権力、すなわち大和朝廷がこの畿内の地に現れたとき、つまり古墳の誕生したとき、かれらはそれに従属するものとなったから銅鐸は不必要になった。これが銅鐸を捨てた理由である」

（6）大和朝廷と北九州

この小林氏の、実証と論理を兼ねそなえたユニークな発想は、きわめて興味ぶかいものである。それだからといって前記の北九州勢力東遷説が崩れ去るとも思われない。つぎに森浩一氏の小林説批判を紹介しよう。

第一に、弥生後期には大和のほうが北九州より文化的に高くなったというのであるが、文化の高さとは何をさしていうのだろうか。奈良県の弥生後期と認められる集落址をたどってみると、この時期に他地方よりもずっと集落が発達していたかどうかは疑わしい。

すなわち奈良県で弥生後期の土器が発見された個所は六十五、このうち集落址と推定されるのは三十ケ所だが、そのなかで、規模が大きく、しかも多数に土器が出土したのは、御所市鴨都波、橿原市東常門と唐古の三つだけである。このような集落の発達の具合から見て、弥生後期に大和が政治的・文化的に優位を占めていたとはどうしても思われないのである。

第二に、小林氏の所論は、大正の昔、中山氏が提案した北九州の弥生式墳墓と畿内の古墳とのあいだの連続性という問題に正面から答えていない。したがって、古墳文化が多くの点で、畿内の弥生社会の墓制では甕棺が各地で発見されているが、幼児を葬ったものが多く成人葬は少なく、また副葬品もまれである。

これにたいし北九州では、甕棺・支石墓・箱式石棺などに成人の死者を葬ることがふつうにおこなわれている。成人の死者のために墳墓をつくるという畿内の前期古墳の風習の起源は、北九州の弥生社会に求めるべきであろう。

また、北九州の箱式石棺も前期古墳のうちに継承されたと見られるし、棺の周囲を割石で積んだ竪穴式石室は、前期古墳の大きな特色であるが、この手法も福岡県大塚で甕棺を囲んだ割石積みの石室の実例がある。

さらに興味ぶかいのは、一九六三年に調査のおこなわれた福岡県八女市亀の甲の弥生式墳墓の、二十五の箱式石棺、二十一の土こう墓、二十の甕棺のうち、第十四号土こう墓では、組み合わせ木棺が、形は腐ってなくなっていたが、その輪郭を土中に明瞭にとどめていた。

木棺は腐りやすく残りにくいから、この種のことは、ほかの土こう墓にもあったと考えてよいであろう。

ところで、木棺は畿内の前期古墳において、もっとも特徴的なものである。

また、北九州の支配層墳墓には、鏡・玉・剣を副葬したが、この組み合わせの副葬品を死者に添えることは前期古墳の基本的な条件であった。しかも、北九州の弥生後期の墳墓からは、すでに鉄剣がでていることも注意されてよい。

たとえば、末盧国の中心らしい佐賀県唐津市桜馬場遺跡では、戦争中の防空壕ほりのとき発見された、多数の甕棺のなかの一つからは、銅鏡三面、銅釧二十六個、巴形銅器三個、ガラス小玉などと伴に、鉄刀片三個があって、銅剣はすでになく、より高度の鉄剣に替わっていたし、伊都国の中心とおもわれる、福岡県糸島郡江原遺跡でも鉄の剣があった。

鏡・玉・鉄製刀剣は高塚式古墳の副葬品の基本的組み合わせと同じである。その他、遺骸と一緒に丹朱を使用することや貝製腕輪類をつくることは、やがて前期古墳にもうけつがれ、のちには碧玉製腕輪になり、スイジ貝を模したいわゆる巴型銅器なども北九州の弥生式文化から継承したものであろう。

要するに森氏によれば、古式古墳発生の母胎は、大和を中心とする畿内の弥生式文化にはほとんど求められないのにたいし、北九州のそれからは数多く求められるのである。

わたくしは、神武伝承はあくまでも日本神話の一部であって、史実の外のものであるとおもう。北九州勢力の東遷はあっても、だから神武伝承はこれを核としてつくられたとはいいがたい。だが、考古学上の事実からみて、弥生後期に北九州の政治勢力が東に移動して畿内に勢力をかまえた、可能性はきわめて濃厚である。

天皇家をはじめ大和朝廷の豪族のなかには、大和の土着ではなくて、こうして移ってきた人々が多かったのではあるまいか。（以下略）

（7）九州地区の高地性集落遺跡

わたしが古代史の本を読むようになったのはほかでもない、邪馬台国さがしの道具としてである。

ところが、わたしの構想がまとまらないうちに世間が飽きてしまった。それでも、古代史探求のほうは定年後の暇つぶしもあってか今でも続いている。そこで思い出したのが、小野忠凞編『高地性集落遺跡の研究』の弥生中期から後期・終末期にいたる、日本の高地性集洛遺跡の変遷を示したものであり、そのうちから、九州地区のみを抜き出したものである（87ページの図参照）。この図から、激動する北九州各国の角逐と興亡の変遷を、明確に読み取ることができる。

（い）図その1　弥生中期（1世紀）には既に西は筑後川を境に日田盆地を経て、東は豊後国に達する一大防衛戦線が築かれている。即ち、北九州沿岸を中心に肥前、筑前、豊前、豊後の四地区が一つの政治的連合を結んでいたことを思わせる。これは、あたかも建武中元二年、後漢の公武帝から印綬を賜わった倭奴国王を盟主とする連合国家のあったことを偲ばせるに十分である。

――倭奴国王、後漢に朝貢し光武帝より金印を授かる。～AD五七年

（ろ）図その2　弥生後期初葉（二世紀前半）では（1）の防衛戦線が一挙に熊本平野の中央部

付近まで南下している。先の政治的連合が筑後と、肥後の北半分を包含し拡大していたことがわかる。

倭奴国連合の拡大である。

——倭国王帥生等、後漢の安帝に生口一六〇人を献じて請見を願う。～AD107年

(は) 図その3　弥生終末期（二世紀後半）奢れるものは久しからず。膨張に膨張を重ねた倭奴国連合も、ここに至って一挙に崩壊したのである。高地性集落遺跡が、こんなにも明快に一国の盛衰を語ってくれるとは、わたし自身思いもよらないことであった。(は)の防衛陣地は一層濃密化し、かつ、後退化している。大乱が蜂起したことは明らかである。

——倭国大乱・（AD170年～AD180年）

倭奴国滅亡はAD180年頃か？

以上、三期に分けて語ってくれた高地性集落遺跡は、わたしたちに、倭奴国の興隆と滅亡を明確に示してくれた。そして三世紀、邪馬台国時代の幕あけとなったのである。

（以下略）

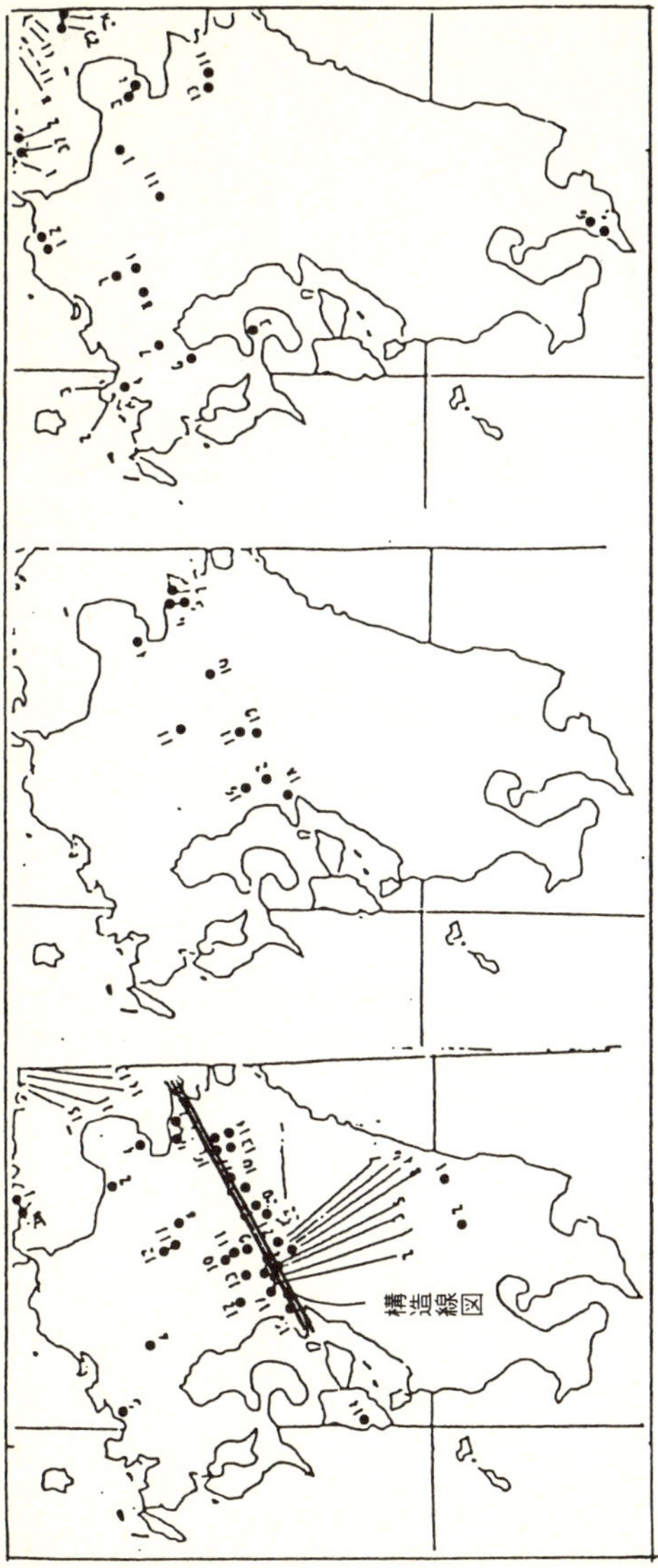

（その1）第III期

（その2）第IV期

（その3）第V期

高地性集落遺跡文化小期別分布図（九州）
（『高地性集落遺跡の研究』小野忠凞編より抜粋）

(8) 〃臼杵〜八代構造線〃について

わたしが、かつて邪馬台国探しに熱中していたとき、邪馬台国と狗奴国との境界線をどこに引こうかと考えあぐんだことがある。そのとき、たまたま熊本県の地誌を読んでいたら〃臼杵〜八代構造線〃（前ページの図参照）という見なれない文字が眼にはいった。

さっそく読んでみたら、これがわたしの求めていた邪馬台国と狗奴国との境界線だ、と直感した。

そこで、考古学の助けを借り、皆さんにもその要旨をお伝えする。

九州の弥生文化は、大分県臼杵市と熊本県八代市を結ぶ、臼杵〜八代構造線によって、南北に大きく二分される。九州はここを境に、もと南北二つの島から成っており、阿蘇火山などの噴火による堆積物で、それが一になったのである。

宮崎県・鹿児島県および熊本県八代郡から、南の葦北郡・球磨郡などが南に属する。

これは弥生式土器でいうと、球磨川流域の、人吉ちかくの免田町を標準遺跡とする免田式土器によって南は代表される。北の方は、須玖遺跡を中心とする須玖式土器である。

では、北と南をどこで分けるかというと、いまの熊本市の南、益城郡を流れる緑川が、須玖式土器と免田式土器を分ける大体の境界線となる。このようにみると、今の福岡県と熊本県という行政上の区画を、そのまま卑弥呼の時代にあてはめて考えるのは誤りであって、むしろ筑後と肥後の北部とは弥生式土器などからみて、一つの文化圏であったと考えられる。

肥後の北部が、筑後と関わりが深いということは、考古学とは別に、方言の面からも推察される。それは、筑後と肥後北部とは、七世紀末から今日に至るまで、一度も同じ支配者に治められたことはない。

しかし、金田一春彦氏によれば、この二つの方言は、専門家でも、ほとんど聞き分けることはできないという。それほど似ているのである。

これとは逆に、筑後と筑前は、もと同じ筑紫国であったにもかかわらず、方言は異なっているという。

と、いうことで邪馬台国の南限は緑川とし、その境を狗奴国と接することが確定した。

この境界線は、いみじくも先に紹介した臼杵〜八代構造線(東岸の臼杵市と西岸の八代市を結ぶ大断層)とほぼ一致する。

なお、この構造線は九州の高地性集落遺跡その三(第五期)にも完全に一致し、古代九州の文化圏、ひいては政治圏をも二分する明確な証左といえよう。

第五章　天皇と稲作

(1) 豊葦原瑞穂の国

ここで、改めて天皇と稲作との関わり合いについて考えてみたい。

西暦七〇一年、時の天皇文武は大宝律令を全国に施行し、国の官衙を神祇官と太政官の二大機関に改めた。そして、天皇の直轄機関として神祇官を設け祭祀のことを司どらせ、他の政治向きや行政的な行為はすべて、太政官に委任した。

かくして、天皇は諸々の神祇を祭祀し、祖先を祭ることに専念した。この制度は政治や行政の面では、摂関制とか幕府制とか種々に変わったが、祭祀については天皇直轄として八世紀初頭から今に至るまで、なんら変わっていない。まさに千三百年を閲して変わらないのである。

ところで、天皇家の最重要な祭事として大嘗祭と新嘗祭があることは、皆さんもよくご存じと思う。

大嘗祭は天皇の即位の年のみであるが、新嘗祭は毎年行なわれる祭事である。その、あらましをお伝えする。

天皇家の行事として、毎年この祭事に供える新穀を作るために、宮中には斎田を設けている。

天皇は時がくれば、この田に降りて田植えをされる。そして収穫時になれば稲刈りもされる。そして新穀を神に供え、また自らも賞味される。

なぜ、このように天皇家では稲に執着されるのか。不思議でならない。しかし、考えてみれば至極尤もな点もある。まず第一に皇祖神とされるタカミムスビノ神は、農耕神とされ生産の神でもある。そしてニニギノ命は天迩岐志国迩杵志天津日高日子番能迩迩芸命とも呼ばれている。どうもいやに長たらしく、わかりにくい名前ではあるが、稲穂がたわわに実って賑々しく揺れている様を表わしためでたい名前である。

そしてまた古代の国名は豊葦原之瑞穂之国である。人の名、国の名すべてがたわわに実る稲穂を寿ぐ（言祝ぐ）言葉である。

やはり、天皇家と稲作農耕とは切っても切れない縁があるようである。そこで改めて江南文化と農耕文化の合流点を探りだしてみたいと思う。

そこで、海と列島文化月報（１９９２・３・１）の『東シナ海と西海文化』から、貴重な論文を見い出したので一部掲載させていただく。

(2) 江南の農耕文化

中国先史時代の農耕文化では、地理的条件と農作物の種類の違いによって、使用する農耕具にもいくつかの差異が現れている。

江南地域は稲作農耕の発祥の地であり、稲以外に、弥生時代の農耕具とその使用法についても長江下流にそのルーツを求めることができるのである。

たとえば、江蘇省呉県の澄湖遺跡から出土した良渚文化の石斧は、木柄をかん入した斧身の孔が、大阪府和泉市池上遺跡で出土した木柄石斧のものと非常によく似ている。

河姆渡文化や良渚文化の偏平刃石斧・有段石斧に曲尺形の木柄や鹿角柄を装着するものは、縄文文化や弥生文化の着柄方式と同じである。江南地域の外湾刃石包丁も弥生文化のものとよく似ている。浙江省寧波市慈湖遺跡出土の5、000年前の木製鋤や鍬の形状は弥生文化のものと比較的近いが、時代的には最も早いものである。

とくに注目されるのは、ここで発見された木下駄で、表面に五つの孔があけられ、裏には二条の溝がえぐられていて縄で足にしばりつけるものである。弥生文化の田下駄より小さく精緻なものであり、日常的にはいていた品であろう。

以上の稲作や農耕具などから、江南と古代日本の間では、稲作農耕における関係が非常に密接であったことを十分に見て取ることができるのである。

秦嶺・淮河以北の華北地域は自然的条件がきわめてかぎられた地域であるため、稲作農耕が興るのは遅く、また、最後まで耐旱性のある粟・黍などの作物に取って代わることもなかったのであり、当然のことながら、この地域を稲作農耕の伝播起点あるいは経由ルートとするのは相当な困難をともなう。

したがって、朝鮮半島の稲作農耕も江南に起源を求めるべきものであり、華北からきたとすることはできない。一方、九州一帯の自然条件は江南地域に比較的近く、稲作農耕の受け入れと、その発展はより容易であったがために、稲作農耕が弥生文化の生産の基盤をなすにいたったのである。


（以上『東シナ海と西海文化』より）

◎江南との交通の要衝だった有明海沿岸
邪馬台国探しで、一躍その名を挙げた郷土史家・村山健治氏は、博多と久留米を結ぶ最短距離を次のように述べている。

明治二十二年以前には、久留米にながれる宝満川と博多に流れる御笠川が両都市を結ぶ主要な交通路であって、舟底が川底につっかえて動けなくなると、川底の砂をスコップで除き、舟を深みに押していった。また宝満川と御笠川の上流で荷を積みかえときには、陸地を荷を担いで渡していった。そこには船越、瀬越の地名が残っているという。

このように博多と久留米とをもっとも抵抗なく結ぶ最短距離の御笠川と宝満川の両河川を辿っていく時代がながくつづいてきた。

博多と久留米を結ぶ主要道路としての役割を明治中期まで果たしてきた。それは奴の国から不弥国を経て邪馬台国への道をたどるときも利用されたコースに違いなかった。

他に、つぎのようなルートが考えられる。

吉野ケ里遺跡は筑紫平野の西部(佐賀平野)北方の背振山地から舌状に延びる標高約二〇メートルの丘陵上にあり、田手川と城原川に東西を区画されている。

有明海の干拓が進んだ現在では、吉野ケ里遺跡は海から遠い内陸部に位置している印象をうけるが、同遺跡の西方の区画となっている城原川は、『肥前国風土記』の神埼郡の条に

「三根の郷、郡の西にあり。この郷に川あり。その源は郡の北の山（背振山地）より出で、南に流れて海（有明海）に入る。年魚あり。同じき天皇（景行天皇）、行幸しし時、御船その川の水門より来て、この村に宿りましき」

とある三根の郷の川（三根川）に比定され、古代には有明海から船が直接乗り入れていて、海上交通と連絡した河川交通が吉野ケ里遺跡付近に達していたことがうかがわれる。弥生時代以降にも、歴史的に有明海沿岸地域は江南との交通の要衝であった。

『日本書紀』雄略天皇一〇年の条には、呉に遣使された身狭村主青らが、

「呉の献じた二つの鵞をもって、筑紫に到る。この鵞、水間君の犬のために食われて死ぬ。別本にいわく、この鵞、筑紫の嶺県主泥麻呂の犬の為に食われて死ぬといふ」

との記載がある。水間君は筑後川河口左岸の福岡県三潴地方を支配していた豪族、別本の伝える嶺県主は『肥前国風土記』に神埼郡から分置したとある。筑後川右岸の三根郡の地域にいた豪族で、どちらにしても、古墳時代の日本で呉と呼んだところの、江南を領していた南朝（四二〇

〜五八九年）へ遣使された身狭村主青が帰国した筑紫は、玄海灘沿岸ではなく有明海沿岸であった。

従来より対外交渉といえば、正史に記録された国家間の交渉がすべてと考えがちであった。とりわけ弥生時代の対外交渉については、『魏志倭人伝』に記された朝鮮半島—対馬・壱岐—玄海灘沿岸の西地域というルートが重視され、それ以外のルートの役割を過少に評価される傾向だが吉野ケ里遺跡の発掘によって、正史に記録された国家間の交渉のみに注目していたのでは、歴史の全体像を復元することは不可能であることが鮮明になってきたのである。

歴史の全体像の復元に考古学資料のはたす役割は大きいが、なおそれ以外にも中国の文献には、国家間の交渉のように整理された形ではないが、民間レベルの交流にかかわる断片的な記述もみられる。

本稿では文献に垣間見える太伯と徐福という中国からの移住者についての記述を検討しながら、歴史の表面に現れにくい東シナ海を舞台にした民間レベルの交渉・交流の様相を探ってみよう。

（3）シナ海沿岸の文身族と始祖伝説

華北の政権であった魏の正史の一部である『魏志倭人伝』は、国家間の正式外交のルート上にあり、帯方郡から倭に渡った魏使が直接見聞した、対馬・壱岐—玄海灘沿岸の西地域についてくわしく記載している。しかしじつは『魏志倭人伝』には、正式外交がなかった江南と日本列島の間にも交流があったことを示唆する情報も含まれている。

『魏志倭人伝』は、第一部で倭の地理について述べた後、第二部に移り、倭人社会の風俗について記述しているが、その冒頭は次のような鯨面文身（顔や体の入れ墨）の習俗についての説明ではじまっている。

「男子は大小となく、皆鯨面文身す。古より以来、その使中国に詣るや、皆自ら大夫と称す。夏后少康の子、会稽に封ぜられ、断髪文身、以って蛟竜の害を避く。今倭の水人、好んで沈没して魚蛤を捕え、文身しまた以って大魚・水禽を厭ふ。後やや以って飾りとなす。諸国の文身各々異なり、あるいは左にしあるいは右にし、あるいは大にあるいは小に、尊卑差あり。その道里を計るに、当に会稽の東治の東にあるべし」

ここに出てくる会稽は現在の浙江省紹興周辺で、春秋時代（紀元前770—紀元前403年）

には越の都がおかれていたように、中原（黄河の中流地域）の漢民族とは異質な非漢民族（ノンチャイニーズ）の越人のいた地域で、三国時代（220—280年）には紹興に郡治が置かれ、東治は会稽郡の南、現在の福建省福州に比定されているが、ここも越人地域であった。『魏志倭人伝』で「その道里を計るに、まさに会稽の東治の東にあるべし」と、倭の位置を越人地域から測っている地理観は、たんなる推測ではなく、江南の越人と九州島の倭人の間の東シナ海を越えた交流による実感に基づいているとみるべきであろう。

というのは九州島を浙江省・福建省と関連づける地理観は、時代を越えて東シナ海を航海する人たちの常識であったとみられるからである。十六世紀後半から十七世紀の初めにかけて、華南のマカオを拠点として日本に来航したイエズス会宣教師の一人、ジョアン・ロドリーゲスが、膨大な日本研究書である『日本教会史』で、「この地方［九州］はニンポフ［寧波府］（会稽〈紹興〉の外港）という都市の東にすぐ続くチェキアン（浙江）の地方区〈省〉に面している。（中略）それと同じことがフオキエン［福建］の地方区［省］についてもいえるのであって、そこには、普通にチンチエオと呼ばれるチョアンチェウ［泉州］の都市があるが、そこもまた日本に面している」と、『魏志倭人伝』と同じ地理観を述べているのは、浙江・福建の沿海民の間に『魏志倭人伝』以来の伝統的地理観が生きていて、それに影響された可能性はあるが、同時にこの海域を往来したヨーロッパの人たちの実感としても浙江・福建と九州島が「面している」ととらえていたことを示すものであろう。

ところで、倭人の文身の習俗について述べた記事のなかに、「夏后少康の子、会稽に封ぜられ、断髪文身、以って蛟竜の害を避く」といささか唐突に挿入された部分を、『史記』(前漢の司馬遷の撰述。中国正史の第一に数えられる。紀元前九一年頃成立)「越王句践世家」によって補足しながら説明しよう。

春秋時代末期に江南にあって覇をとなえた越王句践(在位紀元前496—465年)の先祖は、夏王朝の創始者の禹の末裔である夏后氏の帝、少康(第六代の庶子)であったとされる。彼は中原から遠ざけられて会稽に封じられ禹王の霊の祭祀の役を務めとさせられた。そして、現地の風習に従って体に入れ墨をし、頭髪を結わないで、蛟竜の害を避けた。

このようないわれをもつ少康の子のことが、倭人の文身について述べた文中に登場するのは、倭の文身と会稽地方の文身を同一のものとみなしたからである。漢民族にとって文身は、異民族の忌むべき風習であった。

ところが、倭からの使者は、みずから大夫(天子・諸侯につぐ身分で、臣下としては最高の役人のこと)と称しているにもかかわらず、文身していた。そのわけは、名門の夏后氏の子孫でも、会稽に赴任したら現地の風俗に従って文身したのと同じで、倭人も会稽の人々と同じく、潜水漁撈のさいに蛟竜の害を避けるために文身しているから、大夫と称する倭人もそうした風習に従って文身しているのだろう。このように『魏志倭人伝』（またはその原資料）は解釈して、倭使の文身の説明として「夏后少康の子」以下の部分を挿入したと考えられる。

ところで『史記』「呉太伯世家」によると、江南にあって越王句践と「臥薪嘗胆」の古事で知られる抗争を繰り返した呉王夫差の先祖とされる太伯も、次ぎのような文身にからんだ始祖伝説をもっていた。周の太王には、長男の太伯以下、仲擁、季歴の三人の子があった。

末弟の季歴はすぐれた人物であったうえ、その息子の昌は、さらに聖徳を備えていた。太王は季歴を位につけて昌を後継ぎにしたいと思っていた。太伯と仲擁は父の胸中を推しはかり、荊蕃の地（異民族のいる地方）に落ちのび、文身・断髪して周の人として位に立てられる資格のないことを示し、季歴から身を遠ざけた。その結果、季歴が位につき、彼は王季と称される。そして昌があとを継いで文王となった。

太伯は荊蕃の地に落ちのびると、その地を句呉と称した。荊蕃の住民は彼の義を慕い、彼に従い身を寄せる者は千余戸におよび、彼を位につけて呉の太伯とした。

このように周の王位を譲った太伯の行動を、孔子は「泰伯（太伯と同じ）はそれ至徳と謂うべきのみ」と激賞している。

ところが、こうした越や呉の始祖伝説は歴史的事実ではなく、非漢民族の呉や越が強国となったのちに、文化の高い中原の漢民族と関係づけるため、夏王朝や周王朝に出自を求めて生まれた伝説である。

そして、呉と越の始祖伝説のポイントは文身にあると考えられる。太伯も少康も中原の名門に生まれながら、江南の地に来たさいには、いずれも現地の習俗に従って文身をしたことによって非漢民族の王となったとされているからである。

(4) 倭人の語った呉の太伯伝説

江南の呉や越は文身した始祖の伝説をもっていたが、じつは倭人も同じような始祖伝説をもっていたことが知られている。

『魏志倭人伝』と同じ三世紀に、魚拳がまとめた『魏略』という書物がある。この書物は散逸して伝わっていないが、他の書物に引用された逸文から、その面影をうかがうことができる。

それらの逸文に『魏志倭人伝』ときわめてよく似た記述があることから、「倭人伝」は魏略を原資料としたか、あるいは両者が共通して利用した資料があったとみられている。

太宰府天満宮蔵の唐代の『翰苑』にみえる『魏略』逸文には、『魏志倭人伝』の文身記事とほとんど同じ文があるが、そのなかに『魏志倭人伝』にない「その旧語を聞くに、自ら太伯の後という」との注目すべき一文が挿入されている。「太伯の後」とは、言いかえれば、呉と同じく太伯を始祖とする伝説をもっていたということである。

この文は、中国へ派遣された倭人たちが、文身のいわれについて訊ねられたさい、太伯の後裔であるとの伝説をもっている、と自ら語ったことが記録されたものを資料としているとみられる。倭人の太伯始祖伝説は、『魏略』のあとも『晋書』「四夷伝・倭人」や『梁書』「諸夷伝・倭」(ともに七世紀に成立した中国の正史)に記載されたことによって、日本でも古くから知識人にはひろく知られていた。

さきほどから述べているように、『魏略』の太伯伝説は文身習俗との関連で記されたものである。二世紀の学者応劭の『史記』「呉太伯世家」の注釈書によると、江南の人々は水中に入って漁撈するため、竜をかたどった文身をして蛟竜による被害を避けたという。

倭人の文身も同じ目的をもっていたから、竜をあらわしたものだったに違いない。

後世のことになるが、日本の海人族には竜蛇との関連を説く伝承をもつものが多い。北部九州の古代豪族宗像氏はもとは胸形で、胸に入れ墨があったことからついた氏族名である。豊後の緒方氏（尾形すなわち竜尾）や、伊予の河野氏など、北部九州や瀬戸内海の海人族系の豪族は、中世にいたっても、先祖が竜蛇神とまじわったため身に鱗や尾があったとの伝承をもっていた。

また、海の武士団を基盤とした平家一門には、北条氏の三鱗文をはじめ鱗形の家紋をもちいたものが多い。

（以下略）

第六章　『菊と刀』（日本文化の型）について

わたしが『菊と刀』を手にしたのは、ごく最近のことである。勿論、この本の評価がすごく高かったことは、戦後間もなくから知ってはいた。しかし、かりそめにも帝国軍人として短いながらも軍務に服した者にとっては、後めたい思いで手にすることはなかった。

そして、昭和四十二年、宮崎康平著『まぼろしの邪馬台国』が世にでた。その真摯な研究態度と豊かな文藻は人々の感動を呼び、著書は爆発的な売れ行きとなった。それは氏が全盲の身ながら、夫人を目代わり・杖代わり・秘書代わりとしての、血の滲むような完成があったからである。

わたしも、遅れ馳せながら『まぼろしの邪馬台国』を購入し読んではみたが、なにしろ古代史に関する知識はまるでなく、邪馬台国に関する本を数十冊、それに『古事記』や『日本書紀』など古代史に関わる書籍を、取り敢えず揃えてはみたが、結局、買っとく（読）、積んどく（読）、放っとく（読）の三読に終って時は流れた。

そのうち、邪馬台国ブームも過ぎ去ってバスに乗り遅れ、そこで本格的に古代史物語に取り組むことにした。どうせ定年退職で、ひまは有り余るほどある。

そこで改めて、気になっていた『菊と刀』（文庫本）を購入し読み始めた。なるほど、さすが自由の国の人類学者、考え方が公平で緻密だ。しかし残念ながら、その全篇を通読して大意を把握し、皆さんにお伝えするには荷が重すぎる。

四苦八苦しているうちに、ある図書館で見つけたのが『日本古代史誕生の舞台』（水野祐著）である。その第三章五項文化型、の中に思いがけなく「ルース・ベネディクト」の名を見いだした。『菊と刀』の著者である。

水野氏のベネディクト女史に対する傾倒ぶりには並々ならぬものがあり、その活躍ぶりを的確に評価し賛辞を送っている。そこで氏の女史に対する評論のごく一部を抜粋し、ベネディクト女史の偉大な功績をお伝えすることにしたい。

＊『日本古代史誕生の舞台』水野祐著より一部抜粋

ルース・ベネディクト（１８８７―１９４８）は、彼女自身の文化型の理論をもって日本文化の研究に適用した人類学者である。彼女は、日本文化の型を、端的に「菊華」と刀剣とに対する憧憬という例証によって象徴させ、この矛盾した日本人の行動の型をとらえ、その背景にひそむ強制力、二元的行動を体系的に統合している文化の型を明らかにした。

ベネディクトが人類学者として初めて日本文化の研究に従事したのは、太平洋戦争も熾烈化した頃のことである。日米両軍が戦闘を繰り広げている間に、彼女は黙々と敵国と日本の民族性を研究していたのであった。

彼女が日本文化の研究に手をそめたのは、太平洋戦争の末期に近い昭和十九年六月からのことである。一見詩人を思わせる女性、ルース・ベネディクトを、戦時情報局に召喚して、敵国日本および日本人の民族心理学研究を委ねたのであった。

彼女はそれまでに一度も日本にきたこともなかったし、日本及び日本人について、ことさらに見聞したこともない人物であった。しかもそのときは、まさに太平洋戦争の最中であり、いよいよ両国軍隊の攻防戦が熾烈さの度を加えつつあったときである。

研究といっても、ただちに必要な資料を十分に入手できる状態ではなく、いわんや日本を訪れて実地調査をする便など全くない、不十分な限られた資料だけで研究を遂行しなければならなかったのである。

（中略）

それを成功させることができたのは、ベネディクトの、文化人類学者としての過去における、貴重な体験が見知らぬ日本にたいする研究にも大いに役立てられたからである。

ベネディクトは、アメリカ人類学の鼻祖ボウアスの高弟であり、その後継者の一人であった。

彼女は、ボウアスの人類学の偉大な体系の中における心理学傾向の分野をよく継承し、社会人類学における、社会学的集中分析法をも加味した研究方法によって、文化型の理論を大成させたのである。

（中略）

この文化型学派の代表者であるベネディクトに、アメリカの戦時情報局は、日本民族の文化の糾明を命じたのである。彼女に課せられた課題は、単に人類学者としての学問的な興味を満足させるための研究というのではない。

敵国日本人は、戦争に対していかなる考え方をしているのか、日本人を戦争から脱退させるにはどうすればよいか、日本との交戦はいついかなる形で終結させることができるか。

そのためには、天皇の皇居や伊勢神宮を爆撃することが、日本人の戦争放棄の心理作戦として有効か、あるいは皇居や伊勢皇太神宮を爆撃しない方が、かえって日本人を終戦へ早く導くことができるかどうか。

等々の、戦略目的の決定や、戦争終結後の日本占領政策の基本について、日本人をいかに扱うのが得策であるかなどの課題に対する学問的な回答を提出することが、アメリカ合衆国の国務省から要求されたことなのである。

しかもその研究は、太平洋戦争を終結させ、アメリカをはじめ連合国軍が日本に進駐する以前というきわめて短時間に結論をださねばならぬという、緊急を要する研究であったのである。

激戦の最中に、当面の敵国人に対し、私情を加えることなく冷静に、客観的態度をもって正当に理解し評価することは、言うは易くして行うは難いことであった。

ベネディクトはこの命を受けて、ただちに研究を始めた。彼女はしばしば日本の小説を読み、映画をみ、あるいは古典を鑑賞して、当面の敵国人のなかに自らを共棲せしめ、日本人の感情をもって自らその雰囲気のなかに投じて、日本人として共に味わうように努力した。そして彼女の独特な詩人的天賦をもって、未だ接したことのない敵国人の心性を非常に苦心しつつも的確に理解し、客観的に分析して、ついに彼女独自の日本民族性に対する結論を提示したのである。

戦時情報局に提出されたベネディクトの研究成果は、終戦直後の昭和二十一年(1946)に直ちに出版された。われわれは、この研究報告書である『菊と刀』〝The Chrysanthemum and the sword Patterns of Japanese Culture〟(Boston, 1946)によって、彼女の、日本ならびに日本人の民族性に対する理解のすべてを、十分に察知することができる。

(中略)

ベネディクトは、自らの研究の過程において、日本および日本人に対して一人親愛感を抱くに至り、後に、日本が敗北により無条件降伏した折りに、日本人が敗戦の悲運におち入ったことを察知して深い同情を寄せていたのである。しかしそのことのために、ベネディクトはアメリカ人自身から、決して非国民扱いなどされていない。

敵国人に対して正しい認識をもち、彼らに深い理解を示し、その敗戦の悲運に同情を寄せていたのである。ヒューマニストとしての彼女の信念により、ほとばしりでたものであった。

彼女の家が、父祖以来数代にわたり、伝統的な徹底したデモクラットであり、リベラリストであり、平和主義者であったという一つの遺伝的な資質によるものと言えるであろう。（中略）

彼女は天皇の存在を、太平洋諸島の原住民族の間にみられる「神聖なる酋長」と比較しつつ、日本人にとって天皇制の保持が絶対的に必要であるとの結論に達し、それを米国務省に報告しているのである。

日本進駐の占領軍の最高指揮官、ダグラス・マッカーサー元帥によって、天皇制保持の最高方針は決定されたのであるが、その重大な政治的決定の根拠となったものは、タイムス・マガジン誌が、「彼女が天皇を救った」〝She saved the Emperor〟と題する記事を掲げているように、実にベネディクトの研究成果を基にしてとられた措置だったのである。

日本の天皇を救ったのは、日本帝国の枢密院の枢密顧問官でも、宮内大臣でも、忠勇なる日本帝国陸海軍の将官でもなかった。いわんや天皇の戦犯を叫んだり、天皇の退位を要求したりした一部の日本人、日本帝国臣民でもない。まことに戦勝国のヒューマニズムの精神に徹した一アメリカ女流人類学者の、自由と博愛の温情をもって果たされた精細確実な研究の結論が、天皇とその地位とを救ったのである。

ベネディクトは、彼女の研究助手をしていたロバート・ハシマ Robert Hashima に、日本の無条件降伏のラジオ放送を聞いたときの、偽りのない真情を直接述べて送った書簡がある。

その日付けは一九四五年八月十五日である。

彼女はその書簡のなかで、日本人をしてこの無謀な戦争を中止させ得るものは、内閣総理大臣でも、日本軍の最高指揮官でも、参謀総長でもなく、また、連合軍の猛攻撃や日本本土進攻やB29による東京の戦略爆撃などという一連の勝利でも、また原子爆弾の投下でもなく、ただ一つ天皇の終戦を告げる詔勅以外にはないと信じていたが、その自らの研究の結果として想定した方式によって、いま日本は降伏した。その報道を聞いて、目頭に涙がにじみでてきたと書いている。

この重大な政治的決定が、予想した通りの結果をみることができたことに対する、学者的良心の感懐の涙であった。

そして一つには、この研究によってひとしお親愛感を増した日本人の、敗戦という悲惨な現実に直接対決しなければならない心情を察知しての、限りない同情の涙でもあった。

ベネディクトは、日本軍の捕虜をみて、「可哀想に」という言葉を投げかけるかわりに、『菊と刀』なる一巻の書の基をなした膨大な報告書をもって、直接米国政府に答申することにより、日本人に対する彼女の無限の同情心と、日本を救う方式とを表明したのであった。

(中略)

「菊花」をとりあげたのは、菊花の栽培に心を痛め精根をこめる心の持主が、同時に「刀剣」の崇拝者でもあるという、矛盾した心の持主であり得るという、その矛盾をついて命名されたものであるということである。

したがって単に、「菊花」と「刀剣」との矛盾にとどまるのではなく、日本人の心には、すべてにおいて、この両者の矛盾に相応する矛盾をおかしているというのであって、この二者は、それらの事実の端的な抽象化である。

ベネディクトはこうして、日本民族とは、「世界中のいかなる国民にたいしても、かつて一度も用いられたことのない、奇怪な『だが、しかし、』という語の連続で記述される民族」"The Japanease have been described in the most fantastic series of 'but also' ever used for any nation of the world"と規定したが、この日本人にみられる菊花と刀剣とが、共に一幅の絵画の部分をなすことができるような複雑な民族性の構成について、日本民族の過去ならびに現在における行動の本質を、正確に把握しようとしているのである。

日本民族は、最高度に喧嘩好きであると同時に、非常に従順でおとなしい。軍国主義であると同時に耽美的でもある。傲慢であるかと思うと、その反面では礼儀正しい。頑固であるとともに順応性をもつ。従順であるかのようにみえるが、反面において、うるさくこづき廻されることに憤慨して抵抗する。忠実である反面はなはだ不誠実である。

勇敢であると思うと反面では臆病である。保守的であるかと思われる反面、新しい生活様式には喜んで迎合する。自分の行動を他人がどうみるかと恐ろしく気にかけるかと思うと同時に、他人が自分の行動を看視していないとなると、罪悪の誘惑にも容易にのせられてしまう。日本軍の兵士は徹底的に訓練されているが、しかしまたなかなか服従しない点もある。

このような徹底した、甚だしく多くの矛盾を内在させる複雑な二面性をもつ民族性について、正しく民族心理学的描写をし、この民族の基本精神が日本人のすべての行動に作用し、独特な日本文化の諸型を構成しているとみるのが、ベネディクトの研究の本質と目されるべき点であった。

この研究に際して彼女が用いた資料は、戦前にアメリカに渡っていた、主として英訳された『忠臣蔵』のような古典劇、『暖流』のような日本映画、あるいは戦場から送られてきた日本人捕虜の日記や随筆、鹵獲された日本の新聞など、こういうごく限られた資料を整理・分類し、分析して、日本人のささいな日常茶飯事から、もっとも困難な忠孝の思想や、恩とか義理とかの観念を解釈し、日本民族の民族心理の分析を完結させるより他に方法はなかったのである。

しかも彼女に課せられた課題は、このような単なる学問的興味から研究することではなく太平洋戦争末期におけるアメリカ政府の要求に対応すべき、政治上の要請にこたえることに主目的がおかれていた。それは、

（1）今後の日本人はどう行動するであろうか

（2）日本本土に進攻することなく、日本を降伏させることができるであろうか。

（3）アメリカ空軍戦略爆撃は、皇居を爆撃すべきであろうか。

（4）日本人俘虜はどんな風に利用することができるであろうか

（5）日本人部隊、ならびに日本本土に対するアメリカの宣伝において、どんなことを言えば、アメリカ人将兵の生命を救い、最後の一兵まで戦うという日本人の戦意を弱めさせることができるであろうか。

（6）平和が訪れたとき、日本人は秩序を維持するためには、永続的な戒厳令を施かねばならぬような国民であろうか。

（7）アメリカ軍は、日本本土の山中にあるあらゆる要塞で死に物狂いになって最後まで抵抗す

る日本人の頑強な攻撃に対して、最後までこれと戦う覚悟をきめて戦争を遂行しなければならないのであろうか。

（8）国際平和が可能となる前に、フランス大革命やロシア革命に似たような革命が、日本におこる必然性があるであろうか。もしおこるとすれば、その革命の指導者は誰であろうか。

（9）それとも日本民族は、本当に最後の一兵に至るまで徹底的に抗戦し、絶滅していくべき宿命にあるのか。

ベネディクトの研究は、このような要求に対して、的確な解答を学問的に与えなければならなかった。

これらの一つ、一つの課題に対して、それぞれの予測をくだして報告しなければならなかったし、また彼女の判断如何によっては、甚だしく相違した方向に走ることは明らかであった。

そして、これらの困難な研究を彼女は彼女なりに一応克服して立派な成果をまとめ、大方は正しかったと判断されるような予測を立てることに成功した。それは実に、彼女の人類学者としての優れた方法と体験とによるものであった。

このベネディクトの日本民族性に関する研究は、戦争直後の日本の学会に大きな影響を与えた。

その反響は当初から大きく二つに分れた。一つは本書の価値を高く評価するものであり、他は逆にその価値を認めないものである。価値を高く評価するのは、主として文化人類学者や社会学者等に多く、反対にその価値を否定するものは、主として歴史家や史学者、哲学者に多く、また唯物史観をとる学者からも非難の声が高かった。

以上で水野氏の『菊と刀』に関する評価の抜粋を終る。

第七章　わたしが夢みた南の島

（1）1本の帚《ほうき》から

わたしの古代史物語も、どうやら終局に近づいてきたようだ。なぜ、わたしがこのような突拍子もない表題『天孫は南の島からやって来た』を思い付いたかといえば、一冊の南の島の物語を読んだときからである。

その南の島の酋長さんは、立派な酋長で島の人たちの崇敬を一身にあつめていた。そしてその酋長が島内を巡視するときは、常に一人の従者がつき、その従者は一本の帚《ほうき》をもって酋長に従い、酋長の歩いた足跡をただちに消して歩いたという。

敬愛する酋長の足跡が、土足で踏みにじられることをおそれたためというのである。

まことに申し訳ないが、わたしはこの物語をいつ、どこで知ったかは、とんと覚えていないのである。皆さんのなかに、このような物語を読むか聞いた方があったら是非お知らせください。

ところで、思いがけないところで、思いがけないときに、これと似通った物語をつい最近になって知ったのである。

それは、わたしが以前に購入した文庫本、ルース・ベネディクト女史著になる『菊と刀』のなかに見つけたのだ。この文言は、第六章『菊と刀』にも記してあるので、それを再掲する。『彼女（ベネディクト女史）は天皇の存在を、太平洋諸島の原住民族の間にみられる「神聖なる酋長」と比較しつつ、日本人にとって天皇制の保持が絶対的に必要であるとの結論に達し、それを米国務省に報告しているのである』と。

わたしはこの文言を読んで思わずさけんだ。「日本の天皇は南の島の神聖なる酋長だ」と。恐らく、南の島の「神聖なる酋長」も島の俗事には一切タッチせず、祖先を祭り、山川草木に祈って島民の平穏をねがっていたに違いない。

実はわたしは、「神聖なる酋長」の従者が行なっていた行為と、似たような行為を日本の皇室で行なわれていたことを知っていたのだ。それは新しく即位された天皇が祭る大嘗祭のなかで見られるごく些細な行為なのである。

それは新しく建てられた大嘗宮のなかの悠紀殿や主基殿で、天皇がそれぞれに祭祀するために渡り廊下を渡られる。そのときに使用される草履（沓）が用意されている。

その草履は、その日の祭儀が終了次第、毎日ただちに焼き捨てられると聞いている。それは、ご用済みの草履が他に流用されるのを防ぐためだという。

この話をわたしは何かの本で読んだことは確かなのだが、これまた全く失念してしまっていた。

今回、この原稿を書くにあたって色々しらべたが、大嘗祭施行のために築造された大神殿は、後日、惜しげもなく取り壊されたことはわかったが、草履のことはなにも書いていなかった。

それにしても南の島の「神聖なる酋長」の持つ古い習慣と、日本の皇室が持ち伝えた古い習慣が千年を越えて一致するとは、何とも因縁深いものを感じる。

(2) 天孫がめざした降臨の地

わたしが、天孫降臨の地について初めに疑念を抱いたのは記・紀ともに表現に若干の違いはあるが、どちらも明らかに同じ地を指しているからである。

『記』「笠沙の御前に真来通りて、朝日の直刺す国、夕日の日照る国ぞ。かれ、ここはいと吉き地」

『紀』「膂宍の空国を、頓丘から国まぎとほりて、吾田の長屋の笠狭碕に到ります」

『記・紀』ともに明らかに鹿児島県川辺郡笠沙町の野間岬を指している。

にもかかわらず、多くの学者さんたちは北方騎馬民族の襲来とか、ウラルアルタイ系遊牧民族、あるいは朝鮮南部系などと北方系民族のみの侵入を念頭に入れている。

このへんで、先入観を一掃して南のほうにも眼を向けるべき時がきたようだ。

そこで改めて、井上光貞氏の「神話から歴史へ」の『日本民族はどこから来たか』を読み直してみる。それには、次のように書かれている。

「天の八重たな雲を押し分け、いつのちわきちわきて」日向の峰に降ったという降下のありさまは、日の光が雲をつき破って現れて来るという光景を現わしていると考えられるのだが、こうした日の崇拝的要素が朝鮮や蒙古の物語にもみられるのであろうか。

また第二に、天孫降臨の物語においては、天降る神の名は、たとえば『記』では、正しくは、「天にきし国にきし天津日高日子番能迩迩芸命」というのだが「にきし」は柔和にするという意味、「日高」は神聖なる天空、「番迩迩芸」は稲の穂がにぎにぎしい状態になっているという意味でこれには、稲の豊作を中心として天上天下の調和を祝福する意がこめられている。

とすると、この物語は単に支配者の祖先が地上に降ってきたということだけでなく、それは、農耕とくに水稲耕作とも強く結びついているのだが、こうした要素は北方にも備わっているのだろうか。

このようにみて来ると、「日の御子の降下」と「稲」という二つの重要な点では南方的な要素だということが明らかになってくる。


以上が井上光貞氏の提言で、ただ問題となったのは「稲」は南朝鮮を介して伝わったとする提言であるが、この事に関しては間違いで、直接伝承されたことが第二章「稲作の源流は江南から」で簡潔・明瞭に解決されているので省略する。

(3) なぜ笠沙の岬か

天孫降臨の地が、笠沙の岬とは古代史を専門とされる学者さんは兎も角、素人の方々にとっては、〝はて、何処だろう〟と首をかしげるだけである。それが、当時は僻南の地とされる鹿児島県川辺郡笠沙町の西南端に突出する野間半島をいうのである。

素人ならずとも、史学専門の大家、津田左右吉氏でさえ次のような『記・紀』の文献批判を行っていたのだ。

「神武天皇が日向から大和にうつるいわゆる神武東征において、日向を出発点としているのはおかしなことである。長い間、大和の朝廷の領域に入っていなかった日向や大隅・薩摩の地方、また、日本書紀に『膂宍の空国』（背の肉のように痩せた地）と書かれたような未開地がどうして皇室の発祥地でありえたであろうか」と力説している。

ところがこの地を仔細に検証してみると、古来から意外なほど重要視されていた地なのである。次に記す。（い）（ろ）（は）（に）の四項は「海と列島文化」（小学館）からの転載です。

（い） 野間半島の先端にそびえ立つ野間岳（標高519メートル）は、シナ海を渡ってくる中国船の目標（山当て）であった。海人たちは、この山がみえると船中で祝杯をあげた。無事に日本にきたぞという喜びの気持ちからである。

（ろ） 海人たちは野間岳を拝んだ。彼らにとって、この山は崇高な山であった。とすれば当然倭人たちは、この野間岳を知っていたはずで、近くによい港があることも承知していたと思われる。

(は) 坊津（秋目浦）は薩摩半島の南西端、笠沙の岬のすぐ南に位置する港町である。古くは、伊勢の安濃津、筑前博多の那の津とともに、日本三津と称され、遣唐船の発着港であった。

遣唐船によって坊津と結ばれていたのが長江下流域であったことは言うまでもない。古代から、長江下流地域を中心として、北は山東半島から南は香港島にいたる中国の海岸一帯で活躍していた「越の海人」と南九州にいた「隼人の海人」とは同種の可能性が大きい。

(に)「高橋貝塚」は、阿多隼人の本拠地であった加世田市のすぐ側にあり、野間半島からもきわめて近い。ということは、笠沙の岬のあたりに最古の弥生文化、稲作文化があったということである。それは、北九州から飛火してきたと考えるよりも、長江下流域から直接もたらされたとしたほうが妥当かもしれない。

(4) 天皇はなぜ自ら稲作をされるのか

新嘗祭は天皇家が毎年行なわれる最重要な祭儀である。そして天皇家の行事として、毎年この祭儀に供える新穀を作るために、特に皇居に斎田を設けている。

天皇は春になれば、みずから、この田に降りて田植えをされる。そして秋になれば稲刈りもされる。そして新穀を神に供え、またみずからも賞味される。

なぜ、このように天皇家では稲に執着されるのか。不思議でならない。

しかし、考えてみれば前述したように、至極尤もな点もある。まず第一に皇祖神とされるタカミムスビノ神は、農耕神とされ生産の神でもある。そしてニニギノ命は天迩岐志国迩岐志天津日高日子番迩迩能芸命とも呼ばれている。いやに長たらしく、わかりにくい名前ではあるが、稲穂がたわわに実って賑々しく揺れている様をあらわした、めでたい名前だそうである。

そして、古代の国名は豊葦原瑞穂之国である。人の名、国の名すべてが豊かに実る稲穂を寿ぐ褒め言葉である。

ニニギノ命、実は稲作儀礼の穀霊を信奉する倭人たちは稲作農耕発祥の地からはるばる笠沙の岬までやってきたが、故郷忘じ難く、この国を「豊葦原瑞穂之国」と名づけ、毎年の稲作り作業を楽しんだのであろう。

ただ、ここで疑問に思われるのはこの倭人たちが、初めから予定して笠沙の岬に上陸したのか、それとも不慮の事故による止むを得ない一時的な停泊かはわからない。

いずれにしても、この地で不穏な北九州の情勢を察知し北上を断念している。そしてこの倭人たちは、この土地に隼人族として馴染んでいったのであろう。

（5）天孫の出身地はどこか

わたしがこの章の冒頭に、思わずさけんだ「日本の天皇は南の島の神聖なる酋長だ」とは言っても、まさか、天皇が太平洋上の一小島の出身だとは言えるわけがない。そこでこれから天孫の出身地探しをすることにする。皆さんはすでにご賢察と思われるがあらためて、わたしの推論を述べ大方のご理解をいただくことにする。

第二章（5）項「中国史書にみる倭人」で既に紹介しているが、あらためてその要点を記す。『さきに中国人の地理観で、日本列島を南北に伸びたものとし、揚子江の南の会稽・東治の東方海上にあるとみたのは、文身の風習だけでなく、もう一つの理由があった。それは周時代から、倭人と称する者が揚子江の南にいて、朝貢していた事実があったからである』

後漢時代の撰である『論衡』によると、その第八儒増篇に、「周時天下太平にして、越裳、白雉を献じ、倭人暢草を朝貢す」とみえる。第十三超奇篇にも「暢草は倭より献ず」、また第十九快国篇にも「成王時、越常、雉を献じ、倭人、暢を貢す」と記されている。

最後に見える成王は、周代の戦国七雄の一つであった楚の成王とみられるが、楚は揚子江中流域を領有し、成王は紀元前六五〇年前後の王である。

ここで、わたし（筆者）が驚いたのは、周時代と言えば少なくとも紀元前千年であることである。

日本史年表によれば「前1000年頃、北九州の一部に晩期の土器と稲作を示す遺跡・遺物とが供伴する」とある。そこで、日本最古の稲作関係資料を見ると佐賀県唐津市菜畑遺跡と福岡県糸島郡二丈町曲田遺跡とがある。いずれも北九州周辺である。

この史実からすると、揚子江中流の楚、あるいは下流の越の倭人は、すでに北九州の倭人と何らかの交流があり、稲作の伝授を行っていたとする想定もあながち無理ではないと考える。なお、オッテンベルグの血清学的人種区分によると、湖南型はO型28％、A型39％、B型19％で、これと同似の分布率を示すのは、世界中でも、この揚子江南域の湖南省民と、そのほかには日本人とハンガリー人の三者以外にはないという（後にハンガリー人は除くとされた）。以上から、湖南省民が日本人の親類筋にあたるとも言えるし、また、長江下流域（浙江省）の越の倭人は、北九州の倭人と同種人でもあり、積極的に稲作指導に力を貸したであろう。

かくして、江南の倭人と倭国の倭人は永く、その誼《よしみ》を通じていたのである。

(6) 雲貴高原とその人びと

ところで、なぜこの世の楽園とも思える江南の地（楚や越の国・今の湖南省や浙江省）から、多くの人々が雲貴高原や海外に逃げ出さざるを得なかったのか。それは一言で言えば漢民族の非漢民族（ノンチャイニーズ）に対する甚だしい差別と圧迫があったからである。

そこで皆さんには、聞き馴れない雲貴高原という高原の所在から話をすすめることにする。

以下、樺山紘一編著『長江文明と雲貴高原の風土とその人々』より

ヒマラヤ山脈とチベット高原の東にひろがる山岳地帯をきり裂くようにして巨大な長江が蛇行する。この長江中流の北側には大凉山山脈（四川省）などの山脈が、そして南側には雲貴高原がひろがっている。ただし、高原とはいっても数千メートルを超える峰々を擁して起伏がはげしく、その間を多数の深い峡谷がぬって流れている。そこには平野といえるような平坦地はほとんどない。たとえば、貴州地方に、「天ニ、三日ノ晴ナク、地ニ、三里（約二キロメートル）ノ平ナシ」

という諺があるが、これは雲貴高原のまっただなかにあるこの山国の地勢を巧みに描写した俚諺である。それとともに、この地方の風土のきびしさをもよく物語っている。

このような山地が雲南・貴州の両省からさらに東にのびて、湖南省西部（湘西地区）にまでつらなっている。その間の距離はおおよそ九州から青森までのそれに匹敵する。

この雲貴高原の奥深い山中の渓谷ぞいのわずかな平坦地や山の急斜面にさまざまな民族が集落をつくって住みついている。それらの民族は三〇種にも達するだろう。

かれらは、それぞれが独自の固有文化をもち伝えてきた。山をひとつ越え、渓谷をひとつ渡ると、違った言葉や風俗・慣習をもった人々に出会うほどに、諸民族が錯雑して散在しているのである。

（7）歴史からみた雲貴高原

雲貴高原一帯に住みついているこれら「少数民族」の村々で、われわれ日本民族の伝統文化とよく似た文化に出会うことが少なくない。これらの類似はけっして単なる偶然とは思えない事例が多い。両者の間には、おそらく偶然以上のなんらかの意味があると思われる。

それは二つの側面から考えられる。その一つは自然的風土的環境の共通性という側面、もう一つは歴史的人文的関連性という側面である。ここでは後者の歴史的人文的関係について述べることにする。

現在、雲貴高原で生活している「少数民族」のなかには、その昔、はるかに東方の洞庭湖（湖南省）、鄱陽湖《ハヨウコ》（江西省）周辺の平野部、あるいはさらにその東の長江下流域（江南地方）に住んでいた民族の末裔、ないしは彼らと同系と思われる人々が少なくない。

つまり、南中国や西南中国の現在の民族分布は昔から固定的ではなかった。

現在、雲貴高原に暮らしている「少数民族」の分布は、多くは長い間に亘って繰り返された移住や分散の結果なのである。

このような移住と分散は、主として北中国の黄河流域に発生した黄河文明の担い手である漢民族の膨張・圧迫に伴って生じたものであった。それ以前から、長江下流域で呉・越・楚などの国家をいとなんでいた諸民族は、強力な漢民族の南下に際して、その勢力下に入ってこれに同化していくか、さもなければ、住み慣れた故地を捨てて、新しい天地を求めて移住を余儀なくされたのであった。

その際、船によって東方の海上に乗り出した集団もあったであろう。だが、その多くの人々は山川を越えて、主として西南へと移動を繰り返しながら、同じような照葉樹林帯に属する雲貴高原に移り住むようになったのであろう。

そしてこのような過程で、先住の弱小な集団は、より強勢な集団によって圧迫され、さらに僻地に追いやられるといった玉突き現象もおこり、あるいは移住の過程その他の事由から、人々は分散を余儀なくされて、現在みるような複雑な諸民族の分布状態ができあがったものと思われる。

いずれにしろ、雲貴高原の「少数民族」が強力な漢化の波をこうむりながら、辛うじてその伝統文化を保ち続けてきた一因は、雲貴高原のような交通不便で奥深い山間僻地に住みこんできたことにあったと思われる。

わが国と雲貴高原とは海や山川によってへだてられて遠く離れている。したがって、交通手段の発達した今日ならいざしらず、大昔、両地域間に直接、人の往来や物の交流があったとは到底考えられない。しかしながら、両者の間に多くの文化の類似が認められ、それが単なる偶然の一致であるまいと考えられるのは、主として以上のような風土的共通性と歴史的関係とによるものであろう。

現在、江南に住んでいる先進的な漢民族の文化よりも、むしろ、雲貴高原などで伝統を保持してきた「少数民族」の文化の方が、日本民族の基層文化に遥かに近い。わが国の伝統文化の比較に雲貴高原などで昔ながらの生活をつづけている人々の文化が問題にされるのは、以上のような事由によるものである。

一例をあげれば、わが国と中国の雲貴高原一帯に住む人々の間に認められる類形的文化の中に、農耕に関係する習俗・儀礼や口頭で伝承されてきた神話・伝説・昔話がある。

前者について例をあげれば、害虫駆除の虫送り習俗や穀物の収穫を感謝する新嘗祭、あるいは、歌垣などがある。以下省略。

(8) 倭人北上を決意す

このようにみてくると、わが江南地区の倭人たちも、漢民族の迫害・圧迫に耐えかねて、あるいは雲貴高原へ、そして海外へと逃れ去ったのであろう。また、かねてから親交のあった倭国を目指して東シナ海を北上したに違いない。

それでは、倭人たちが北上を決意した時期は何時ごろか。そこで改めて、史年表を調べてみる。

◎日本及び中国史年表より

〔1〕日本　西暦前1000年頃　北九州の一部に縄文晩期の土器と稲作を示す遺跡・遺物とが供伴する。
〔2〕中国　西暦前473年　江南の呉王扶差、越王勾践に滅ぼされる。
〔3〕中国　西暦前403年　戦国時代始まる。
〔4〕中国　西暦前334年　呉を滅ぼした越は楚にほろぼされる。
〔5〕日本　西暦前4―3世紀　北九州に稲作と金属器を伴う弥生文化が成立する。

以上のごとく、中国の春秋時代に始まる騒乱は、戦国時代にはいって益々激しく、群小国家の住民は多く流浪の民となった。

呉の滅亡、そして呉を滅ぼした越の滅亡と興亡常なく、代って中国文明の担い手だった黄河中流域の支配者階級たちが、大挙して江南の新天地に移動してきたのだ。

そして、住み慣れた山紫水明の地江南を、非漢民族として追われた越人のなかには、永いあいだ労苦をともにした倭人たちもいたのだ。

さいわい、北上した倭人たちは、北九州の稲作民とは旧知のあいだ柄であり、前記〔5〕項、「4―3世紀、稲作と金属器を伴う弥生文化を成立させた」といわれる原動力となったのである。

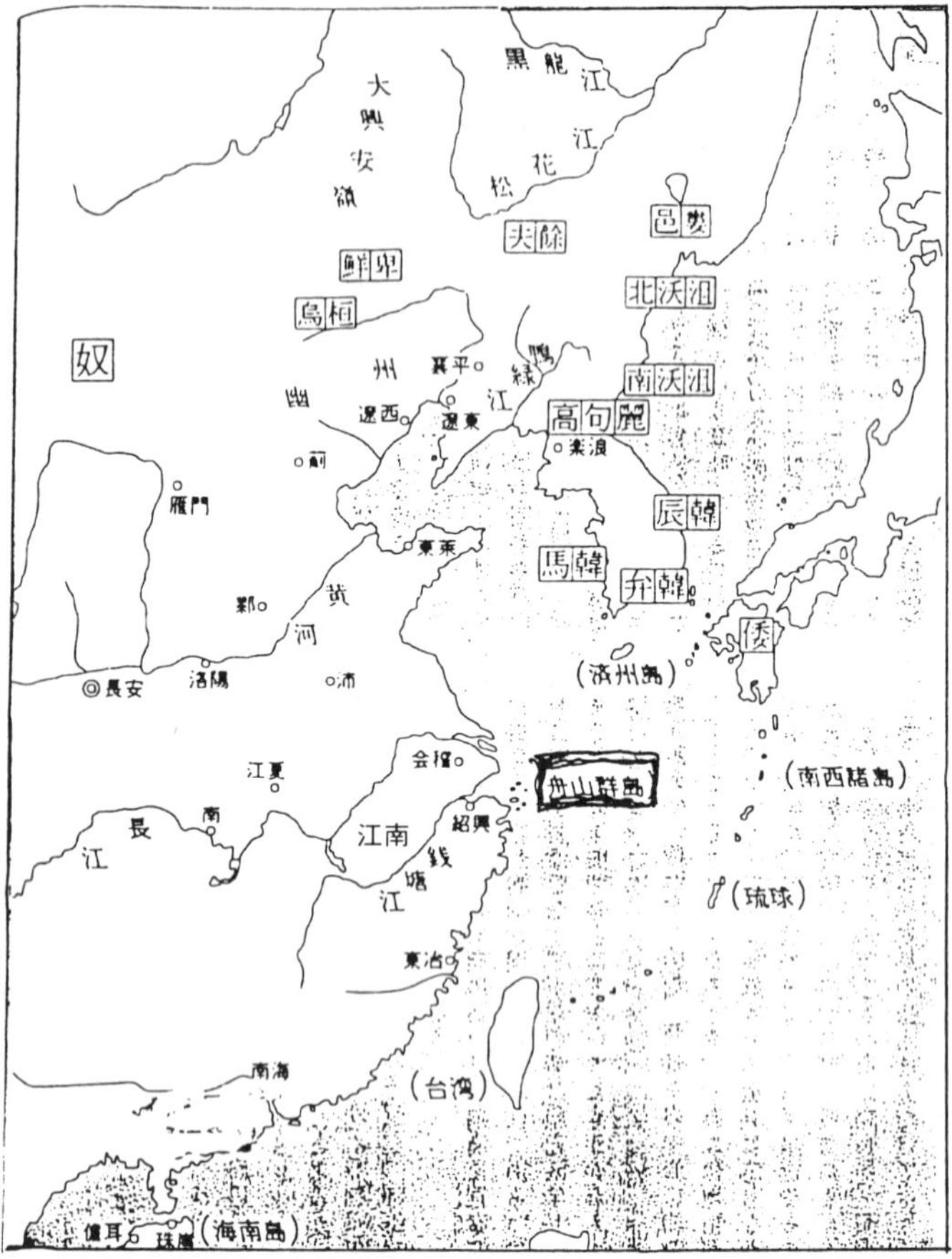

私の夢見た南の島（舟山群島）

もちろん、南九州沿岸一帯に海人として、また後世、隼人と呼ばれた倭人たちも、同じ時期に北上した倭人だったに違いない。

そして、その集結の地となった湊は、浙江省の東シナ海に面する舟山列島の一小島と思われる。

これぞ、わたしの夢みた「南の島」だったのである。（右ページ図参照）

第八章　江南の倭人南越国へ

(1) 南の島の酋長行を伴にす

第二章(5)項「中国史書にみる倭人」において、周時代から倭人と称するものが揚子江の南にいて、朝貢していた事実があったことは既に紹介している。

それによれば、後漢時代の撰である、『論衡』の第八儒増編に「周時天下太平にして、越裳白雉を献じ、倭人暢草(香り草)を貢す」とある。その言を素直に信じると、倭人は、紀元前千年には周に朝貢し、そのとき、越の国も朝貢している。

倭人と越の国は、まことに不思議な交友関係?　で、一つの国と、一つの倭人グループが三千年も昔から仲良く暮らしてきた。それが江南の地だ。これほど不可思議で、親密な交友関係はない。

残念ながら、その越の国は紀元前三三四年に楚の国に滅ぼされてしまった。

ちょっと余談になるが、わたしが、おそらく旧制中学の四~五年の頃に、〝天、勾践を空しうする勿れ。時に、范蠡《れい》なきにしもあらず〟という歌を節まで付けて、よく口ずさんだことを覚えている。前後の文句はすべて忘れてしまったが、この歌は中国の越王勾践と、その忠臣范蠡とが

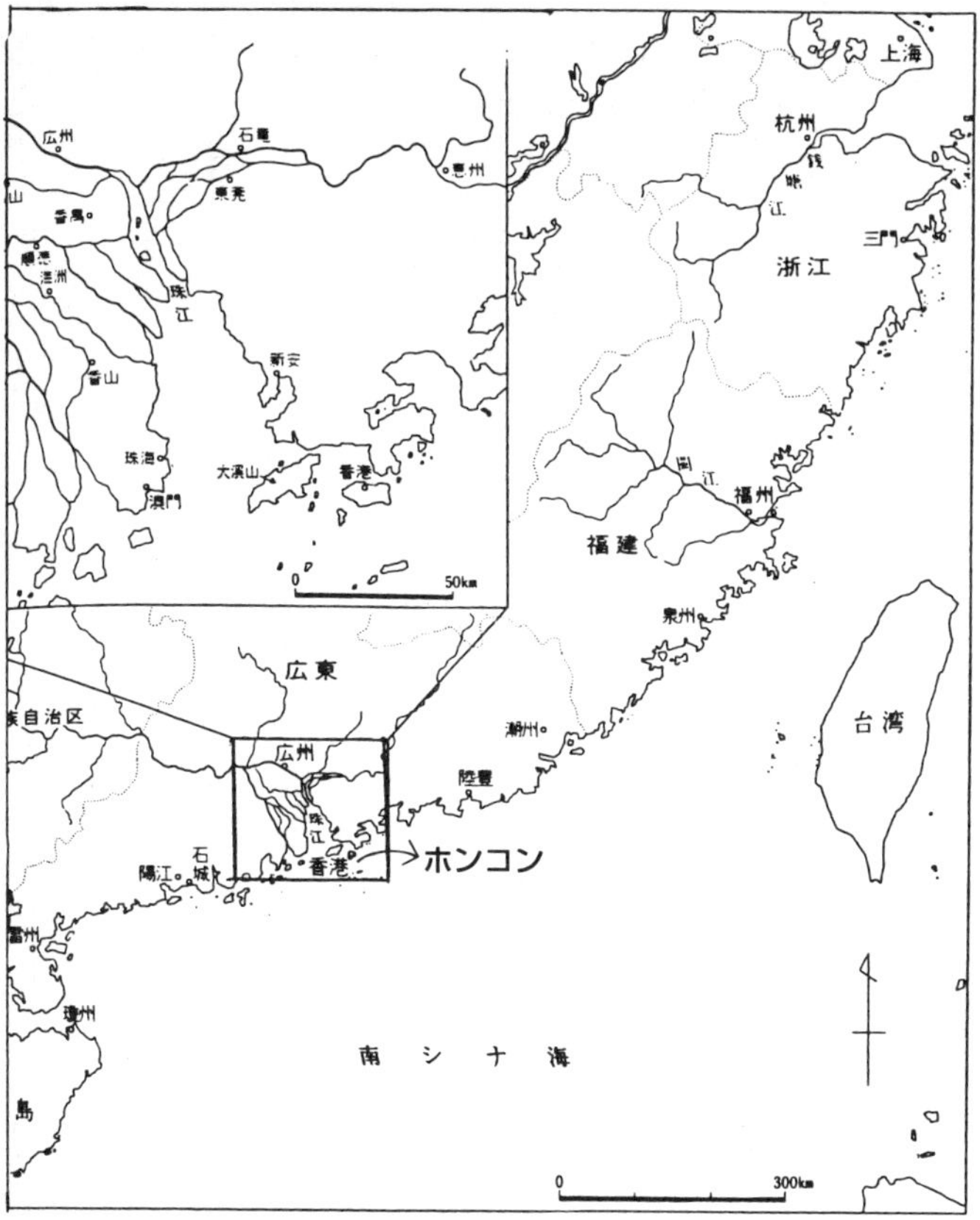
広州
恵州
東莞
珠江
新安
香山
珠海
大渓山
香港
50km
上海
杭州
浙江
三門
福州
福建
泉州
広東
潮州
台湾
陽江
ホンコン
南 シ ナ 海
300km

南越国

辛苦の末、ついに呉を滅ぼして国を奪い返したという君臣の強い絆を、わけもわからずに歌っていたのだ。

『呉越同舟』・日ごろ仲の悪い呉と越でも、時には同じ舟に乗って助け合うこともある。
『臥薪嘗胆』・呉に敗れた越王勾践が、忠臣范蠡の助けを得て辛苦の末、呉を滅ぼした古事。

どうも、卑弥呼の亡霊に眼を奪われて、三国志のみを注視していたが、どうやら呉・越にも眼を向けなければならなかったのだ。

余談はさて措き、越の滅亡後、越や倭人の多くは東シナ海を北上し、北九州、あるいは南九州へと落ちのびた。そして、ある者は海人として、あるいは隼人として自活している。

そして、一部の倭人グループは、敗走する越の軍民と行を伴にしたと思われる。永年の友誼、断ちがたく、別れるに忍びなかったのだ。

当然、南の島の酋長（天孫族）たちも行を伴にした。目指すは南の国の大海だった。

ところが、驚いたことに亡国民と思われた越人は、チャンと南越という国を建てていた。

しかし、好事、魔多し。まさに戦国時代の名の通り、南越はわずか三年で滅びてしまった。

よくはわからないが、中国史年表によれば、紀元前一一三年、嬰斉の子の興、南越王となる。とあり、喜びも束の間その翌々年、前一一一年には、南越は漢の武帝に滅ぼされてしまった。その後のことは、どうもよくわからない。

(2) 実在した最初の天皇

さて江南の地を追われ、南海に落ちのびた倭人たちの行く末は一まず措くことにし、母国の倭国を見ることにしよう。そこで早速、古代史の大家井上光貞氏に聞くことにする。

中国南朝に朝貢したといわれる倭の五王の第一の王は讃または履中天皇だという結論に達したが、このことは、皇室系図、すなわち帝紀の記述もこの時代あたりからは信頼できるということである。しかしそれでは仁徳天皇の父という応神天皇は実在した天皇だったろうか。

応神天皇は「倭の五王」ではないのだから、その実在説は、次ページ図のような系図による推理では証明できない。しかし今観点を変えて、その前後の天皇の名の構造から見ると、仁徳・履中以後の実在が確かなら、応神もまたたしかであろうと考えざるをえなくなる。

と言うのは、前に触れたことだが、応神天皇の名である誉田別（誉田は河内の地名か）、それ

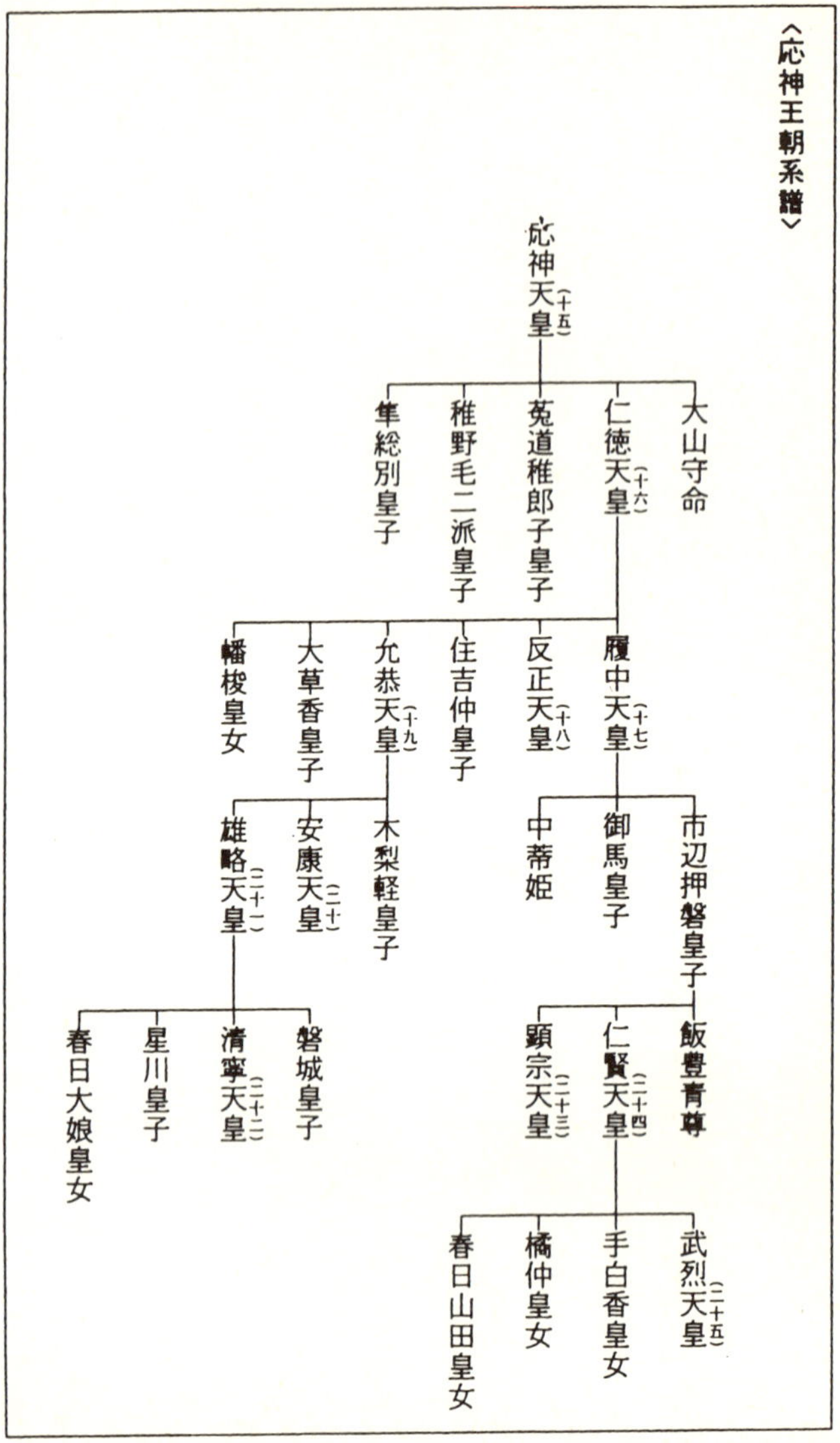
〈応神王朝系譜〉
応神天皇（十五）
大山守命
仁徳天皇（十六）
菟道稚郎子皇子
稚野毛二派皇子
隼総別皇子
履中天皇（十七）
反正天皇（十八）
住吉仲皇子
允恭天皇（十九）
大草香皇子
幡梭皇女
市辺押磐皇子
御馬皇子
中蒂姫
木梨軽皇子
安康天皇（二十）
雄略天皇（二十一）
飯豊青尊
仁賢天皇（二十四）
顕宗天皇（二十三）
磐城皇子
清寧天皇（二十二）
星川皇子
春日大娘皇女
武烈天皇（二十五）
手白香皇女
橘仲皇女
春日山田皇女

は以前の実在性のほとんどんない二帝や神功皇后の名とはまったく異なって、仁徳のオオサザキ、イザホワケ、反正のミズハワケなど、実在した倭の五王の諸天皇と名の構造が共通だからである。

また「旧辞」すなわち宮廷物語についても、神功皇后までと、応神から後とは全くその性質がちがっている。なぜなら、神功皇后までの話は、神話的であり、テーマも日本の国家の成立ちや発展にかかわるものであったが、応神以後の物語は、応神生誕の話を除いては神話的なところがなく、宮廷内の勢力争い・恋愛・狩猟・饗宴などの挿話的な伝承ばかりである。

要するに応神天皇から以後は、帝紀についても旧辞についても史実にもとづいた伝承であるとみることができ、応神天皇は確実にその実在をたしかめられる最初の天皇であるといってよいであろう。

わたくしは、神武から第九代の開花までは架空、崇神・垂仁・景行は実在の可能性があり、さらに成務・仲哀はほとんど実在性がない、と書いてきたのであるが、第十五代にいたって、はじめて実在のたしかな天皇にめぐり会えたわけである。

応神天皇はいつごろの天皇だったか。恐らく四世紀後半の人であろう。直接の証拠はないが、間接的には多くの根拠がある。たとえば、讃王は四二〇年代に遣使しているが、讃王は仁徳天皇または履中天皇だから、その父または祖父の応神天皇は四世紀後半のいつかに活躍した人とみてよいだろう。

また、古事記には、あとでふれるように応神天皇のとき「百済の照古王が馬一頭を奉った」とある。照古王は『百済紀』の肖古王で、三七五年になくなった人物だから、この点でも応神天皇は四世紀末の人とみてよい。

そして応神天皇がそのころの人だったとすると、前章で述べた日本の積極的な朝鮮への軍事行動の時代は、その全部ではないとしても応神天皇の時代にかかっているわけである。

ところで、実在の確実な応神天皇も、その父（仲哀天皇）や母（神功皇后）のことになると、まったく伝説的・神話的世界に入ってしまう。このことは、いったい何を意味するのだろうか。

しばらくこの問題を考えてみよう。

（3）水野学説

「応神天皇は応神王朝という新しい王朝の始祖である」という考えを、はじめて学界に提出したのは、おそらく早稲田大学の水野祐氏であろう。水野氏は、江上波夫氏の騎馬民族説のでたあと、一九五四年（昭和二九）に次のような説を発表した。

第一に、神功皇后の物語のなかで、応神天皇が北九州の宇美でうまれたとあること。応神天皇が母の神功皇后とともに大和にのぼってきたとき、異母兄弟の香坂・忍熊二王がこれを迎え討とうとしたことは、応神天皇がもともと北九州の豪族で、彼が崇神王朝を倒し、大和政権を簒奪したことを示している。

第二に、この物語では、応神の父の仲哀天皇は、熊襲を討とうとして陣中になくなっている。熊襲は倭人伝の狗奴国にあたるから、それはつぎの事実を物語り化したものであろう。すなわち三世紀の昔、狗奴国は邪馬台国と争い、一度はその勢力をくじかれたのだが、邪馬台国が晋朝の南退（三一七年）によって後援を失うに及んで狗奴国は北九州を席捲した。仲哀天皇の死の物語は、北九州をおさえていた狗奴国が、北九州に勢力を伸ばした崇神王朝下の大和朝廷の勢力をくじいたことを意味するのであり、応神天皇は狗奴国王の後身である。

第三に、この狗奴国王家はさかのぼればツングース族で、早くから九州地方に侵入し、倭人を征服して原始国家を形成したものであろう。なぜなら、応神王朝の王の名のうち、大サザキ（仁徳）・小ハツセワカサザキ（武烈）などの諸王は、朝鮮の新羅の古語（Cu-Cu.n, Su-su.u, Cha-chang）と関係があるからである。

新羅の第二代の王の次次雄は呪的王ということであり、さざきは、このススオの転化した語であろう。雄朝津間稚子宿彌（允恭）のすくねもまた同様であろう。

このように応神王朝にだけ朝鮮の王号と通ずる王の名のあることは、もとを正せば狗奴国つまり応神王朝が、かつて朝鮮半島から渡来した征服王朝であったことの証拠である。

（4）応神王朝の起源

水野氏の、この大胆な説は、ある意味で江上氏の騎馬民族説の新版ともいうべきものだが、これをどう評価したらよいだろうか。

わたくしはこの説のうちで、応神天皇は新しい王朝の創始者だ、という考えには賛成である。それについては崇神天皇のところで述べたことを思い出していただきたい。それは、崇神―垂仁―景行の三帝（崇神王朝）の後を、政務―仲哀―応神と血縁でつなげている点は疑わしく、真実の系譜は、景行―五百木之入日子―品陀真若王―中比売とつながるものであり、応神天皇はよそから来て中比売をめとって皇位についたのであろう、という考えであった。

このことは、応神天皇から倭の五王へと血縁的につながる王朝（応神王朝）が崇神王朝とは別の起源の王朝であり、応神天皇はその始祖であったということにほかならないのである。

第二に水野氏の説のうちで、「応神は九州で生まれた」と神功伝承にあることから、応神天皇が九州の豪族であったとする点も、尤もだと思う。なぜなら、神功伝承はすでにくわしくみたように二つの部分からなっているが両方を総合すれば、北九州の海神の祭儀における軍神的な若子の誕生にはじまり、その若子が大和にのぼってやまと朝廷の王位を奪う一つのまとまった物語とみることができるからである。

また記紀は、明らかに実在の人物である応神天皇の事績を書くにあたって、なぜかその出生についてては神話化している。この二点を考えると、記紀が応神天皇の出生地を北九州としていることは重要な意味をもってくるであろう。

しかも、応神天皇の活躍した時代は、ちょうど日本が大和政権による強固な統一国家が形成される以前の、しかもきわめてスケールの大きな朝鮮出兵のさなかであり、北九州の地はまだ大和政権と朝鮮諸国との戦いの中心の位置をしめていた。

このような時とところで、北九州の軍事的指導者の一人が大和政権の王位を奪うという事件が起こっても不思議ではないであろう。

第三に、応神王朝の祖先は北方系騎馬民族の一支配者であり、朝鮮海峡をわたって日本に侵入したとする点はどうであろうか。これこそ、水野説が江上説と本質的につながるポイントだが、この肝心な点はまったく何とも言えない。ただわたくしは水野氏のように応神王朝の前身を三世紀の狗奴国だとし、その狗奴国が征服者であったというようなまわりくどい経路よりも、応神天皇その人が海をわたって日本に侵入したのであったとしたほうが仮説としては合理的だとおもっている。ただこの点は種々の方面から証明を要することである。

(5) 水野説か井上説か

さてそれでは水野説か井上説か、いずれを採るべきか猶予はできない。すでに紀元前一一一年、南越国(広東省・広州)滅び、ふたたび流浪の民となったわが南の島の酋長たちは、いま何処にいるのだろうか。先を急ぐことにしよう。

結論は井上説を採ることとするが、ただし、若干の修正を加えたい。

それは前(4)項の末尾(下線アンダーライン)にある文言「応神天皇その人が海をわたって日本に侵入したのであったとしたほうが仮説としては合理的だと思っている。ただこの点は種々の方面から証明を要することである」を採ることとし、つぎの修正を加える。

修正個所・「応神天皇その人が海を渡って日本に侵入したのであった」という文言。
事由・応神天皇その人が海を渡ったのではなく、すでに博多湾沿岸の有力な豪族の首長として存在していたのだ。
その有力な根拠として下記の日本史年表を掲げる。（神功紀・応神紀より）
西暦三七二年　百済王が太刀を献上する。（石上神宮の七支刀）同三八二年襲津彦を遣わし、新羅を攻める。（神功記）
同　三九一年　倭の軍が百済・新羅を破り、臣民とする。（広開土王の碑）
同　四〇四年　倭の軍が高句麗と戦って敗退する。（広開土王の碑）
同　四〇五年　百済の阿花王没し、王子の直支を即位させる。（応神紀）

以上

もし、応神が外来の進入者だったとすれば、このような激しい外征は出来るはずがない。永年北九州で培った人望、財力があって、はじめてなされた一大戦力と考えられる。

それでは一体、応神は何処からきたのか、応神の実名は誉田別（誉田は河内の地名か）、それは以前の実在性のほとんどない二帝や神功皇后の名とはまったく異なって、仁徳の大サザキ、履中のイザホワケ、反正のミズハワケなど、実在した倭の五王の諸天皇と名の構造が共通だからである。

これで応神の実在は完全に証明されたと思ったが、思わざる伏兵がいた。それは数行まえに、(誉田は河内の地名か) とある。このカッコ書きが問題になったのである。以下に記す。

(6) 王朝交替論

◎別冊国文学・NO・49『古事記日本書紀必携』より

応神天皇が九州を出自とする新王朝の始祖であり、大和の旧王朝を倒して(あるいは引き継いで)新王朝を樹立したとする説が水野祐・井上光貞によって示された。しかしこの説は、応神の出生・大和入りが神武東征と共通するモチーフの王権始祖伝承としての性格をもつもので、応神の九州出自に史実性のないことが明らかにされてその根拠を失った。

それにかわって応神王朝は河内を基盤とする王朝で、この王朝は三輪(崇神)王朝を圧倒して畿内連合体のリーダーとなったという河内王朝論が直木孝次郎・岡田精司によって提示された。

この説は応神天皇以降の陵墓の伝承地が河内とされること、古い王位就任儀礼である八十島祭が難波を祭場とすること、大王家の家臣である連姓氏族の出身地が河内に多いことなどを根拠とし、その時代が『宋書』倭国伝にみえる倭の五王の時代であり、大阪平野に巨大古墳が造営された時期にあたることから、その被葬者や倭の五王を河内王朝の大王（天皇）とみる。

また記紀によると、武烈天皇の死によって、応神・仁徳以来続いた王統がとだえ、近江（記）または越前（紀）からおこった応神天皇の「五世孫」と称する継体が大和に入り天皇位についたという。

直木はこれを、北方より立った一地方豪族の継体が応神天皇の五世孫を自称し、近江・尾張を固め、河内・山背に進出し、大伴氏をも味方につけて大和入りして皇位を継いだものとし、継体を新王朝の初代天皇とみた。

これに対して『釈日本紀』に引用されている「上宮記」逸文の継体の出自を示す系譜に信憑性があるとして継体の応神天皇の五世孫を史実とみとめようとする説も出されたが、その後岡田により継体が近江とその周辺を基盤とし、その出身氏族は息長氏であったとする説が提示され、継体新王朝説は強化された。

岡田によれば、継体は琵琶湖の湖上交通をはじめとする広域の交易ルートを掌握して富を蓄積し、近畿北部から越前尾張にかけての豪族の連合を背景に河内王朝を倒し、前王朝に入り婿するかたちで即位して新王朝を樹立したという。

以上のような王朝交替論は、戦後の古代史研究において、万世一系の天皇観から古代史研究を解き放ち、記紀の歴史観に拘束されない新しい歴史像、国家形成史像を作りあげることに大きな影響をあたえてきた。

しかし近年の研究ではこの考え方には批判的な見方が強い。王朝交替論は記紀批判から出発したものであったが一方で記紀の王統譜や叙述に基づいた議論が展開されており、記紀の歴史観そのものから脱却できていない。

また「王朝」という概念の曖昧さが指摘されており、ここでいう王朝の語はむしろ「王統」と置き換えたほうが理解しやすい。

畿内およびその周辺の豪族の連合体としてのヤマト政権において、世襲王権の未成立の段階では王位を襲う豪族の交替(王統の交替)はかならずしも特別のことではなく、これをことさらに特別視するのは万世一系の観念が前提にあるからにほかならない。

またそうした交替は政策の変更を伴うことがあったにせよ、王権の連続性が損なわれることはなかったはずである。

また河内王朝論では巨大古墳群が河内に分布することをもって当時の大王を河内出身とみるが、大王陵古墳の場合古墳の所在地=被葬者の出身地と単純にみなすことができるか、という疑問もだされており、畿内における大型前方後円墳の分布する地域の変遷の意義も含めて考古学からも王朝交替論の是非が議議されている。

以上、とくに応神、継体二王朝の王位継承にかかわる疑義について、その論説を糾したが、その結論としては、世襲王権の未成立の段階では王位を襲う豪族の交替（王位の交替）は必ずしも特別のことではなく、それをことさらに特別視することはなかったようである。

これで、別冊国文学・NO・49からの引用を終えるが、特に応神天皇の出自が、博多湾岸の豪族であったとしても、特に不都合ではなさそうである。むしろ博多湾岸の豪族とあれば海運にも練達し、対岸の韓国の情勢にも精通しているはずである。願ってもない大王の出現である。

それでは、南海に臨む広東省・広州（近くに香港・ホンコン島あり）に置き去りにしていた倭人たちの救援に赴くことにしよう。

(7) 南の島の酋長祖国へ

西暦前一一一年、南越国滅び、再び安住の地を失った倭人たちは、尽きんとする命運を振り絞って、祖国倭を目指した。出港地はホンコン島あたりか。
この間の史年表を整理してみよう。

◎日本史年表より
〔1〕中国　西暦前111年　南越国滅ぶ。倭人祖国をめざしてホンコン島を出港。
〔2〕中国　西暦後57年　倭の奴国王が後漢に朝貢し、光武帝から印綬を授けられる。筑前国志賀島出土の「漢委奴国王」の金印がこれである。
〔3〕中国　西暦後107年　倭国王帥升ら、後漢の安帝に生口160人を献ずる。
〔4〕中国　西暦後178年〜183年　倭国乱れ相攻罰すること歴年（梁書倭伝）この間に倭奴国滅亡
〔5〕中国　西暦後239年　倭の女王卑弥呼魏に朝貢し明帝より親魏倭王の印綬を受ける。
〔6〕中国　西暦後248年　卑弥呼死す。
〔7〕中国　西暦後266年　倭王使いを遣わし西晋に入貢する。倭王は台与か？

以上、残念ながらいつ頃、南の島の酋長たちが九州島に辿りついたかは、わからない。いずれにしても、日本史年表も匙を投げている。恐らく応神の祖先はこの間に、北九州北岸に渡来し、財力と海運力を蓄えて、海北の道に覇をとなえていたのであろう。

（8）応神天皇と継体天皇の出自について

両天皇の出自については、多くの史学者さんたちが口を揃えて、その怪しげな生い立ちを並べ立ててはいるが、天皇それ自体の存在を疑う方はいない。まことに不思議な天皇である。

ところで、その出自不明の応神天皇の末裔、仁賢天皇の娘手白香皇女と、同じく出自不明の越前の豪族男大迹王が結ばれ、ようやく王統はつながった。

すなわち、第十五代応神天皇の五世の孫が、第二十五代継体天皇となったのである。

さて、ここで両天皇の出自の曖昧さを口角泡を飛ばして云々しても、歴史は変らない。

それよりわたしは応神天皇の生誕地が筑紫の国の宇美という地（福岡県粕屋郡宇美町）であり、神功皇后が御裳に巻かれた石が筑紫の国の伊斗の村（福岡県糸島郡二丈町）に祭られていることに、大きな興味をもった。

そこで皆さんに確認していただきたいのは『日本史年表』の縄文時代晩期の、前1、000年頃「北九州の一部に晩期の土器と稲作を示す遺跡・遺物とが共伴する」とあり、それは佐賀県唐津市菜畑遺跡と福岡県糸島郡二丈町とにあると記されている。また弥生時代、前4～3世紀頃、「北九州に稲作と金属器を伴う弥生文化が成立する」とあることである。

偶然の一致かもしれないが、紀元前1、000年には江南の倭人が越と共に、周に朝貢している。恐らく、この頃から江南の倭人たちは、北九州の倭人に稲作の指導をしていたとしても不思議ではない。そして江南の越の滅亡前後は、倭人とともに越人も大挙して北九州に流入し、前4～3世紀の稲作と金属機器を伴う弥生文化を成立させたのである。

このことから、北九州の沿岸一帯には「北の海人」ともいうべき倭人や越人が多く住んでいたことが推察される。と、いうことで応神も、江南（または、ホンコン島）から北上してきた名家の生まれだったのだろう。それを知っている、周りの海人たちは、喜んで天皇に祭り上げたのである。

それでは継体天皇の場合はどうなのか。

天皇は越前の国坂井郡（今の福井県坂井郡）に生まれ、御年五七歳のときに先帝武烈天皇が亡くなられた。そこで、さきに大伴金村大連は仲哀天皇の五世の孫倭彦王を丹波の国から迎えようとしたが、倭彦王は、その迎えの仰々しさに恐れおののいて遁走してしまった。

そこで今度は、男大迹王（継体）に白羽の矢を立てたが、これまた固辞されてしまった。

このとき、たまたま河内馬飼首の荒籠という者が男大迹王と親しいことを知った朝廷は、荒籠を迎えにだした。

二日三晩、荒籠が説得の末、男大迹王は承諾した。第二五代、継体天皇の誕生である。

如何に親友とは言え荒籠は馬飼首である。大臣や大連が説得しても承諾しなかった即位を、なぜ馬飼首ごときの進言を受け入れたのだろうか。

ここでわたしは五世の孫を疑うよりも、馬飼の進言を受け入れた事実を重視すべきと考えた。

わたしは慌てて、市の図書館（龍ヶ崎市）に飛び込み、かつて読んだことのある『隼人世界の島々』（海と列島文化二月号）を借り出した。以下に記す。

（9）馬飼部と隼人

『日本書紀』継体元年一月は、継体天皇の即位に当たり、特別な任務をはたしている河内馬飼首荒籠が登場する。まだ疑いを残して即位しない天皇に、知己である荒籠が使者を立てて、大臣たちの真意を伝えた。天皇は即位後、荒籠を大切にしたとある。継体天皇と親しい人物という設定は、きわめて重大である。普通なら、皇子と近い関係の馬飼部の伴造がいてもおかしくないが、継体天皇はよそから朝廷に入った天皇である。即位前から緊密であったとすれば、荒籠は朝廷のなかでも特異な地位を占めていたことになる。

それが私的でないとすると、河内馬飼部の歴史の問題である。馬飼部が応神天皇以来、朝廷に仕えてきたとすると、継体天皇の家系にも同じように仕えていたのかもしれない。

『肥前国風土記』松浦郡値賀郷に、この値嘉島の白水郎の顔は隼人に似ていて、馬上から弓を射る騎射を好み、馬や牛に富んでいるとある。白水郎といえば、潜水漁法も行う漁民のことであるが、ここでは、その海人が牧畜をし、騎馬による武術にも通じていたことになる。

それを馬飼部とはいわないが、新羅征討譚でいうように、海の力を支配する人によって馬飼部が置かれたとすれば、その末裔には、この海の馬飼部が最もふさわしい。その海人が隼人の顔に似ているというのは、ますます馬飼部と隼人との親近性を思わせる。

隼人に独特の容貌を認め、それが五島列島の海人と共通しているとした意識の下には、海人を隼人の一派とみようとする目が働いていると言ってよかろう。しかも、白水郎の言葉は他の人々と異なっているという。周囲の住民とは別の文化層に属していたことになる。

それは隼人と共通する文化層であったに違いない。

隼人にも、意外なところに馬との結びつきがあった。近習隼人が威儀に用いた武具の木の盾である。平城宮跡から出土した実物には、盾の上部に横一列に小さな穴があるが、それは『延喜式』巻二八「隼人司」にいう、馬の髪を編み着ける場所であった。ちょうど馬のたてがみである。盾は馬の顔をかたどっていたのかもしれない。『日本書紀』推古二〇年（六一二）一月に、著明なもののたとえとして、「馬ならば日向の駒」と詠んだ歌がある。蘇我氏を称えた天皇の歌である。

「日向」を普通名詞とする人もあるが、こうした隼人と馬とのつながりを見ると、隼人世界の日向国に立派な馬を産するという、史実あるいは観念があったと解釈してよさそうである。

馬飼部と隼人とが、馬を介して接点を持っていたからには、天武天皇の殯宮でいっしょに誄をささげていたのも、両者の歴史の必然としか考えられない。

隼人の起源の神話と馬飼部の起源の英雄譚が、一つのものからの転化であるという推測は、今や不動のものになった。神話や古伝を含めて、隼人世界の文化は、九州の西の海に南北に広がる海上の道で、外界と大きく結ばれていた。九州北部を軸に、新羅世界と隼人世界を対称的に描く世界観は、応神王朝のものであろう。

四世紀の後半からの朝鮮との外交と、九州南部に起こった土着勢力の台頭を背景に、強大な力を蓄えて大王の地位を確保したのが、応神王朝ではなかったかと思う。

(10) 隼人と朝廷

隼人(ハヤト)といえば、思いつくのは薩摩隼人、そして西郷どんが思い浮かぶ。上野の山の西郷さんではちょっと太りすぎだが、若い頃は颯爽とした薩摩隼人だったに違いない。

今でもハヤトとは、どういう意味で名付けられたかはわからないそうだが、多分、西郷どんの若い頃の姿だったのだ。

ところがなんと、この隼人が大昔から天皇家にとっては、最も律議な忠義者だったのだ。

上野の山の西郷どんも忠義一徹、若くして王政復古の大業を成し遂げた若者だ。

左ページの図は、古代南九州の豪族分布図だが、隼人族も薩摩隼人、阿多隼人、大隅隼人、日向隼人など地域別にそれぞれの特徴があったようである。

そして隼人は「天皇の宮墻の傍を離れぬ人々」(紀)であり、「昼夜の守護人」(記)であった。

また、履中即位前紀では隼人は仁徳天皇の皇子の「近習」として、皇子の身辺に侍従しており、清寧紀においても、隼人は雄略天皇の陵側を離れず、「昼夜哀号」する侍従者であったといわれ

古代南九州の豪族分布　隼人と朝廷

ている。さらに、欽明紀では蝦夷とともに「帰附」し、斉明記においても同じく「内属」するものであった。

以上、隼人は天皇家にとってなくてはならぬ忠実な下僕《しもべ》でもあった。

第九章　古代史年表の作成

かつて、わたしが年寄りの冷や水をも省りみず未熟な古代史物語「高天が原の乱」を発表し、多くの友人・知己を悩ませていたことがある。

実は、わたしは第一代の天皇「神武」は実在していたものと信じて疑わなかったのである。その後、ふとした奇縁で、前奈良大学教授・松前健先生の御著書に接し、神武東征はあくまでも神話に過ぎないことを知った。

以来一年有余、松前先生のご厚意により文通によるご教授を戴く幸運にめぐまれた。この間、ご懇切な指導を戴くこと十数度、新たに「天孫は南の島からやって来た」の構想を完成し、改めて真を問う次第です。

(1) 最小自乗法について

実際問題として比較的測定の容易なXの値を知り、測定の困難、或いは不可能な値を知りたい場合がしばしばおこる。ここでは、母集団から得られた標本をもとにして、変量の間の近似的な関係を推測する方法である。

この手法には二法あり、一は回帰直線法であり、他は最小自乗法である。

最小自乗法については昭和四十二年、産能大教授の安本先生がその著『邪馬台国への道』でこの手法を活用して、天照と卑弥呼は同時代に活躍していた王であることが証明されたとして、天照＝卑弥呼の有力な決め手とされている。

一方、昭和六十年『卑弥呼をコンピュータで探る』を発表された坂田隆氏は安本氏と同じ手法を用いながらも母集団の採り方、算式等に異論ありとして別途算出し、卑弥呼を倭姫にあてている。

安本、坂田両氏の算出した活躍期及び没年を対比することにする。

お断りしておくが安本氏は活躍期を基準とし、これに対し坂田氏は没年とすべきであるとして算出している。（次ページの図表参照）。

ご覧の如く安本氏は卑弥呼の活躍期を二〇〇年前後とし、天照のそれを八〇年から二八六年とかなり幅広く推定している。これでは如何に推定とは言いながら当たらない方が不思議である。

他方、坂田氏の推定する天照の没年期はマイナス一四七年から二九七年となっている。その間、実に四四四年の間隔があり、優に卑弥呼に当てることができる。また、倭姫の没年期は一八〇年から四六〇年と推定され二八〇年もの余裕があり、これまた十分卑弥呼に引き当て可能となる。

と、いうことは卑弥呼は天照にも倭姫にも引き当て可能となり一方的に他を論難することはで

	活躍していた時期の推定位	
	95%の信頼度	99%の信頼度
神 功 皇 后	330.0年～427.0年	314.7年～442.3年
倭　　　姫	295.0　～405.0	277.6　～422.4
百　襲　姫	227.0　～359.2	206.1　～380.1
天照大御神	30.9　～214.2	1.9　～243.1

4人の人物が活躍していた時期（安本案）

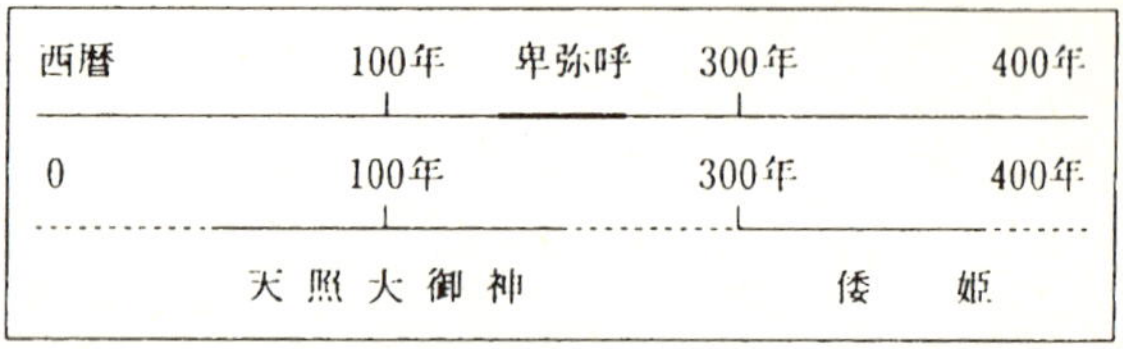

卑弥呼との対比（安本案）
——— 実線95%の信頼度
-------- 破線99%の信頼度

	実退位年の推定値	
	95%の信頼度	99%の信頼度
神 功 皇 后	260.5年～434.1年	217.1年～477.5年
倭　　　姫	226.9　～413.3	180.4　～459.9
百　襲　姫	160.0　～371.5	107.2　～424.3
天照大御神	- 72.9　～223.4	-146.5　～297.4

4人の人物の退位年（坂田案）

きないと考える。

　いずれにしてもこの混乱の根本原因は最小自乗法による推算値があまりにも幅がありすぎて、個人の恣意的な思考に左右される恐れがあることをよく示している。

　そこでわたしがかつて某社に勤務していた頃、その社の営業マンが、ある販売店の売り場面積、従業員数等をある期間中に増減させた場合、それによって受ける売り上げ高の増減を計算しているのを興味をもって見ていたことを思いだした。

　そこで早速、お馴染みの国会図書館に飛び込んで経済分析のための統計学の回帰分析の項をコピーしてきて、回帰直線法による神武の崩年を試算してみた。ところが予期した以上の好結果を得たのである。（次ページの（A）図参照）

　あれから二十数年後、いたずらに惰眠をむさぼっていた原稿を取り出し、陽の目をみせることにしたのだ。但し、お断りしておきたいのは、この手法は母集団となるデータがあまり大きくなくかつ、母集団のデータと求めるデータとの期間差があまり大きくないときに適用されるものとされている。

　確かに変化の激しい営業関連の将来予測には必須の条件かもしれないが、あまり多くない過去のデータを母集団とし、十代そこそこ遡った過去の人の崩年を推定するには何ら問題はないもの

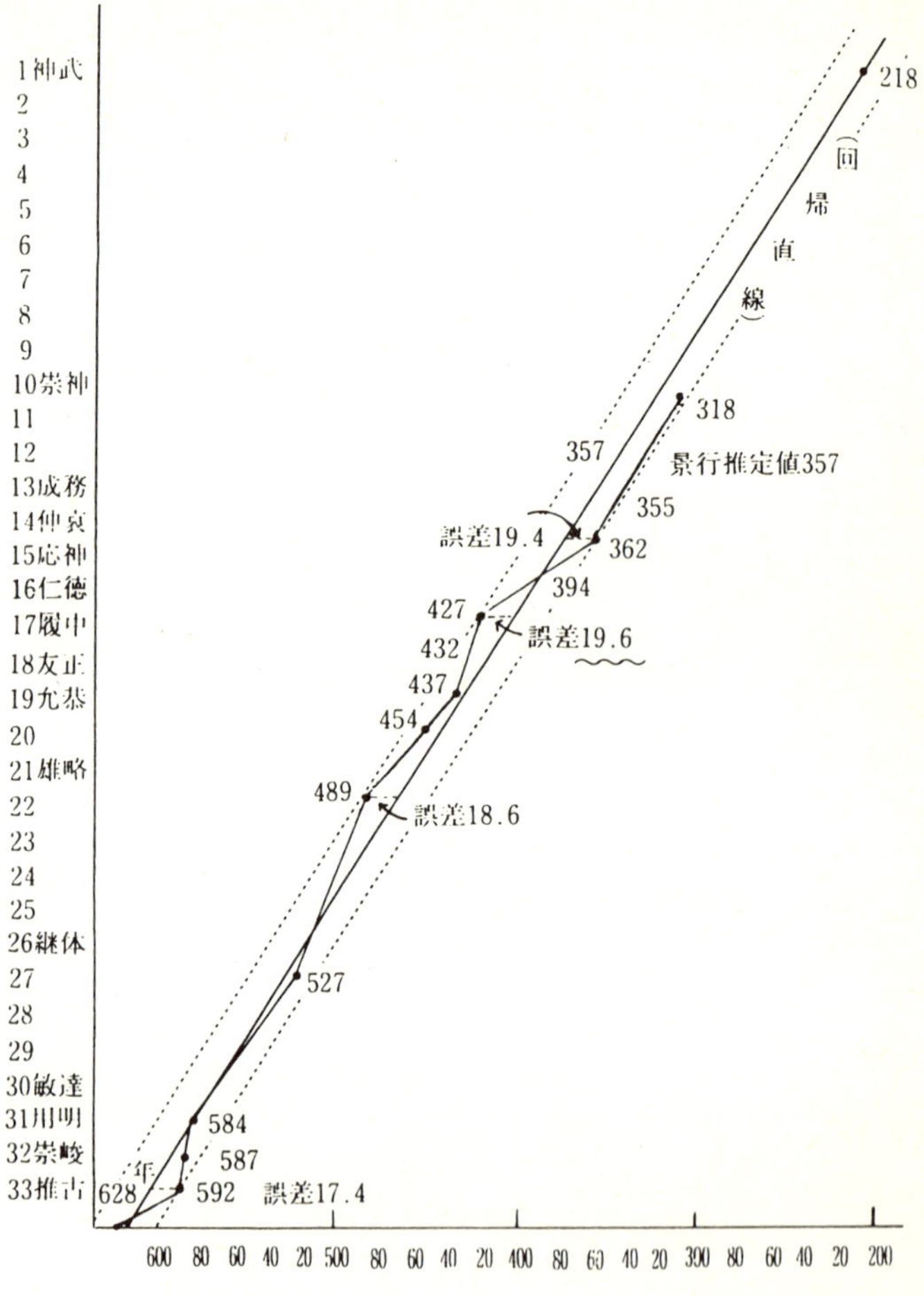

(A) 図　作図法による崩年推定図　破線は±20年未満を示す

と考える。

それでは、いよいよ回帰直線法による神武の崩年(仮定)を推定することにするが、まず母集団となる天皇の御名と崩年を決めなければならない。そこで格好な母集団をみつけることにする。

ここで(B)表を見て頂きたい。この表は水野祐氏の著書『大和の政権』からコピーさせて戴いたものだが、お誂え向きに実在した最初の天皇とされる崇神を初めとし、古事記に崩年干支が記される実在の確実といわれる十五の天皇即ち推古までが記録されている。

氏は、記に崩年干支のない天皇はすべて架空の天皇であるとの厳しい持論を堅持されている方だが、その意に反して実在の怪しい神武の崩年を推定するデータに利用するとは甚だ申し訳ないが、ご了承願いたい。ということで、わたしはこれを神武の崩年を推定する母集団として活用することにした。と同時に一つの賭けを思いついた。たまたまこの表は太い実線で四つのブロックに分割されている。

そのうちの一本、応神と仲哀の間の線を消せばこの表は三つのブロックに分かれる。

そしてそのブロック間の年代差は推古から継体まで一〇一年、継体から仁徳まで一〇〇年、仁徳から崇神まで一〇九年、これによればほぼ一〇〇年毎に英傑が出現している。それでは神武の崩年は二一八年あたりかと、密かに期待していた。

天皇	古事記崩年		書紀崩年		年差
	干支	西暦	干支	西暦	
推古	戊子	628	戊子	628	0
崇峻	壬子	592	壬子	592	0
用明	丁未	587	丁未	587	0
敏達	甲寅	584	乙巳	585	－1
安閑	乙卯	535	乙卯	535	0
継体	丁未	527	辛亥	531	－4
雄略	巳巳	489	乙未	479	10
允恭	甲午	454	癸巳	453	1
反正	丁丑	437	庚戌	410	27
履中	壬甲	432	乙巳	405	27
仁徳	丁卯	427	巳亥	399	28
応神	甲午	394	庚午	310	84
仲哀	壬戌	362	庚辰	200	162
成務	乙卯	355	庚午	190	165
崇神	戊寅	318	辛卯	前30	348

(B) 表　十五天皇崩年の記紀間の差異対比表

天皇名	代　数	a	b x	推定値	実際の崩年	誤　差
神　武	1	205.8	112.6	218.4		
崇　神	10	205.8	126.0	331.8	318	13.8
成　務	13	205.8	163.8	369.6	355	14.6
仲　哀	14	205.8	176.4	382.2	362	19.4
応　神	15	205.8	189.0	394.8	394	0.8
仁　徳	16	205.8	201.6	407.4	427	△19.6
履　中	17	205.8	214.2	420.0	432	△12.0
反　正	18	205.8	226.8	432.6	437	△ 4.4
允　恭	19	205.8	239.4	445.2	454	△ 8.8
雄　略	21	205.8	264.6	470.4	489	△18.6
継　体	26	205.8	327.6	533.4	527	6.4
敏　達	30	205.8	378.0	583.8	584	△ 0.2
用　明	31	205.8	390.6	596.4	587	9.4
崇　峻	32	205.8	403.2	609.0	592	17.4
推　古	33	205.8	415.8	621.6	628	△ 6.4

註：誤差は最大－19.6年、＋19.4年に止まり、実用に耐え得る推定値と考える。

参考：景行崩年推定値 y ＝205.8＋12.6×12＝357年

(C) 表　回帰直線による崩年推定値

算式　y=a+bx=205.8+12.6x

ぴたり神武の崩年は二一八年とでている。別に数字を操作したわけでもない。偶然の一致かもしれないが思わず快哉を叫び、回帰直線法万歳と敬意を表したのである。

さて、標本となる母集団も決まった。そこで今度は前ページの（C）表を見ていただきたい。ここで回帰直線の死命を制する定数a、bの算出が必要になってくる。まず計算に必要な天皇名、代数X、崩年yを記入したテーブルを作成すればよい。以下の算式に従って計算を進めていけば

y=a+bx=205.8+12.6x

が求められる。

ここで、２０５・８は基数となる年数であり、12・6は一代当たりの平均在位年数となる。従って人皇第一代となる神武は、

205.8+12.6 × 1=218.4

まさに予測どおりの数値である。

もう一度前ページの（C）表を見ていただきたい。回帰直線によって得られた推定値と実際の崩年との誤差は最高でも一九・六年にとどまり十分実用に耐え得る数値と考える。

次に、再度（A）図「崩年推定図」に戻っていただきたい。これは作図法によって回帰直線を

描き、求める推定値を得ようとするものである。この方法は面倒くさい数値計算の煩雑さも要らず、少々大き目の方眼紙を求めてきて、縦に天皇名と代数を、横に西暦年を刻んでおき、各天皇の崩年をグラフに記入していけばよい。

次に、まず図の左側の突起した部分の頂点を二つか三つ選んで破線で結び、これを延長する。つぎに同様のことを右側に対して行い、出来た破線と破線のちょうど中間に一本の実線をひく。これが回帰直線である。

そこで縦の目盛りの神武の線と回帰直線の交わった点を下に降ろせば、ほぼ二一八年に当たる。若干見難くはあるが横の目盛りを大きくとれば、十分実用に耐え得る手法と考える。

なお、この回帰直線法による天皇の生没年の推定については、昭和五十八年岩下徳蔵氏がその著書『邪馬台国』で発表されているが、その算式は、

生年　y=12x+154.5　没年　y=11.9x+217.4

（詳細な計算式はなく図表のみ掲載されている）と記され、この算式による神武の没年を二一九・三年と推定している。わたしの推定値二一八・四年とは一〇・九年の差がある。

これは選定する母集団が違ってくれば当然その推定値は異なり、選定に当たっては十分注意する必要がある。なお、わたしがこの回帰直線法をはじめて活用したのは、すでに二十数年前で、

岩下氏の発表とは何の関わりもないことをお断りしておく。

(2) 日向三代の紀年法

さて、日向三代、ニニギ、ホホデミ、フキアエズ、それぞれ山の神や海の神の娘を娶って、子を儲け、呑気に暮らしているように見えるが、現実はとんでもない。四散した同志を求めて僻遠の地を駆け回っていたのだ。その日向三代の紀年計算にはいつも苦労していたのである。その時覚えた紀年法を、ご紹介する。

この手法は大分昔からある方法で、知っている人は知っているが、知らない人は知らないほどのものである。しかし、わたしには利用してすごく有効だったが、その結果の数字を信用するか、しないかは、利用する人次第である。

元々、この手法を知ったのは、熊本大学教授(今は退官されておられると思われる)工博、藤芳義男氏の著書『倭日の国』の「奇妙な年数の解明」による。

今、その主要な部分を抜粋掲載する。

『日本書紀』は天孫降臨からナギサ崩までの皇孫三代の在位年数として、

「天祖の天降りましてこのかた、今に一百七十九万二千四百七十余歳ましましき」

と、これまた長大な年数を記している。

この年数は、丸山二郎氏が『日本書紀の研究』で詳細にとりあげている。それによると『日本書紀』の三島本や玉屋本にはホホデミノ命の条の末尾に、

「治天下六十三万七千八百九十二歳」

とあり、それは前田家水鏡や拾芥抄などにもあり、とくに、

倭姫世紀、元亨釈書、皇代記、元元集、神皇正統記、

には、皇孫三代各世の在位年数が奇妙に長大な年数で示されている。

史書によってわずかに異なるのは一と〇、二と三、三〇と四〇だけであり、それは永い間の伝承であやまられたのであろう。ただ『日本書紀』が記す皇孫三代の在位計は倭姫世紀、皇代記、元亨釈書の系統であることが了解される。これから見ると、ニニギノ命の一万と〇万は一万が正しいと考えられ、末尾の三と二も三が正しかろう。またナギサノ命の末尾の二と三は二が正しいと見てよかろう。それでは倭姫世紀に記される数字がすべて正しいと考証される。

さて、かように奇妙なほど長大な在位年数をどのように解釈するか。神代の時代だから、たんなる誇張に過ぎないとする学者もあろう。また中国の古代、三皇五帝の伝承にも長大な在位年数があるから、中国に真似て、かくも長大にしたものだとする学者もある。しかし、何十万というのに一位の数まで省略しないで伝承されている。

それは『日本書紀』の撰上される、はるか昔からの伝承である証拠である。それでこそ、この数字の意味が理解されないままに伝承されたのである。

さて、著者がこれを解明しよう。

暦を持たない時代に過去の年紀を伝承することは不可能に近い。しかし、全く不可能であろうか。いやそうではない。ここにただ一つの方法がある。

途中で起こった重大事件の年を並べ、隣り合う二つの事件の間でいくたび秋の収穫があったかを数える。それが九回よりも多いときにはその中間の事件をいれる。たとえば明治天皇の在位年数なら、九の事件を取り入れると、在位年数は終わりの方から書いて、「治天下八・二・八・五・四・八・九・一歳」となる。これは八千二百八十五万四千八百九十一歳と読むべきではない。さように長大な数値を古代人が用いるはずがない。すべてが一位の数であるから合わせて四十五年となる。（明治天皇の治世年表参照）

区間年数	西紀	事件
	1867	即位
一		
	1868	東京遷都
九		
	1877	西南戦争
八		
	1885	内閣創設
四		
	1889	憲法発布
五		
	1894	日清戦争
八		
	1902	日英同盟
二		
	1904	日露戦争
八		
	1912	死亡退位

明治天皇の治世年表

かように解明すると、ホホデミノ命が高千穂の宮に坐しました五百八十歳も、五年と八年と〇年の計十三年と解明される。皇孫三代の在位年数も簡単に解明されよう。

この記年法は古代にあっては誠に巧妙な方法であり、ゼロから九までの一〇個の数値を配列するだけで、在位年数を示すだけでなく、途中の主要な史実紀年をも示し得る特色がある。

この記年法は巧妙なだけにほかにもいろいろと伝承されている。倭姫命の在位を八万余年（神皇正統記）と伝える。これは各数字が零を含まないとすれば、その平均値は五であるから、8＋5×4＝28年となる。倭姫の史実の在位は二十八年とあとで解明される。

中略、算用数字のもとはアラビア数字である。123と書いても、それは一つと二つと三つであり、合わせて六つにしかならない。中国では、壱、弐、参と書くが同じく一つであり、合わせて六つである。

それを123と書いて百二十三と読んだのはどの時代か、数学者によると、五、六世紀頃インドで発明され、それがアラビアに入り欧州に入ったのは十二世紀頃で、数字の発展から見ると三代発明の一つという。

日本では洋算の輸入によるから明治中期であろうという。ところが日本では『日本書紀』撰上(世紀七二〇年)以前に既に123を百二十三と読んでいたことになる。それどころか、中国ではすでに孔子が百二十三と読んでおり、123は6であることに気がつかなかったほどである。

以上が、先生の御説のごく一部であるが、初めにもお断りしたとおり、結果の数値を信じるか、信じないかは、あなたのご随意に。

古代史年表

西暦	中国史料より	日本史料より	記事
57年	倭奴国王後漢に朝貢し光武帝より印綬を受ける。（後漢書倭伝）		
107年	倭国王帥生等後漢に朝貢、生口160人を献じ請見を願う（後漢書倭伝）		
178～183年	倭国乱れ相攻伐すること歴年。（梁書倭伝）	倭奴国この頃滅亡	
190年	卑弥呼邪馬台国女王に共立される。（魏志倭人伝）		
239年	倭の女王卑弥呼魏に朝貢し明帝より親魏倭王の印綬を受ける。（魏志倭人伝）		
247年	卑弥呼、狗奴国との交戦を郡に訴える。（魏志倭人伝）		
248年	卑弥呼死す。（魏志倭人伝）		
266年	倭王使いを遣わし西晋に入貢する。倭王は台与か？（晋書倭人伝）		
372年		百済の肖古王七枝刀を献上する石上神宮所蔵泰和4年（369年）の銘あり。	
391年	倭軍、百済、新羅を破り、臣民となす。（広開土王碑）	応神…→（神功皇后390年）	
404年	倭軍、高句麗と戦って敗退する。（広開土王碑）	仁徳	
413年	倭王東晋に遣使方物を献ずる。（晋書倭人伝）	仁徳	
421年	倭王讃、宋に朝貢し、安東将軍倭国王の称号をうける。（宋書倭国伝）	仁徳	
425年	倭王讃、上表して方物を献ずる。（宋書倭国伝）	仁徳	
430年	倭王遣使朝貢（宋書倭国伝）	仁徳？	
438年	倭王讃死し弟珍立つ、珍、使いを送り、安東将軍倭国王の称号を受ける。（宋書倭国伝）	反正	
443年	倭王済宋に遣使し、安東将軍倭国王の称号を受ける。（宋書倭国伝）	允恭	
462年	世子興に詔して、安東将軍倭国王とする。（宋書倭国伝）	安康	
478年	倭王武遣使上表して安東大将軍倭国王に除される。（宋書倭国伝）	雄略	
479年	倭王武、南斉の高帝より鎮東大将軍に進号される。（南斉書倭国伝）	雄略	
502年	武を進めて、征東大将軍とする。（梁書倭伝）	雄略	
600年	倭王遣使入貢する。（隋書倭国伝）	推古	
607年	倭王遣使朝貢する。その国書に「日出ずる処の天子云々」とあり、煬帝これを見て悦ばず。（隋書倭国伝）	推古	
608年	煬帝、文林郎裴清を遣わし宣諭する裴清の帰国に従い倭王遣使入貢する。（隋書倭国伝）	推古	
628年		推古崩ず	

第十章　日本の歴史をどう見るか

わたしが、しばしば厄介になっている市立図書館に足を運んだとき、見慣れない本を見つけた。著書名は『日本史の誕生』著者は「岡田英弘」とあり、寡聞にしてはじめてお目にかかるお名前で、東大東洋史学科卒とある。

わたし事で申し訳ないが、実は1995年ころに小林恵子先生の御著『解読「謎の4世紀」』の、「まえがき」を書店で立ち読みし、感銘して思わず衝動買いをしてしまった。

家に持ち帰って、はじめに天皇家（神武～応神）の王系図をみたら、これがすべて高句麗、百済、新羅系の出身者となっている。思わず歎声を上げげた。技術者出身のわたしには、初めて見る王ばかりである。以来、お蔵入りしている。

さきに失礼とは思いながら、岡田先生の履歴をみたのは小林先生の出身が文学部東洋史専攻であり、岡田先生のそれも同じく東洋史学科出身となっている。

そこで、さきの岡田先生の著書をじっくり拝読したら、文章は平易、かつ、難かしい用語には必ずルビを振っており、非常に読みやすい。そしてその結論は、わたしのような浅学者にとっては、思わず首をかしげたくなるような、大胆不敵かつ魅力的な結言を平気で述べている。

早速、岡田先生御著のかなめとなる要旨を、ご紹介することにする。

（1）最初の史書が国の性格を決める

書かれた歴史にはそれぞれの立場があり、主張があるが、どの文明でも、最初に書かれた歴史には、その文明の性格を決定してしまい、自分たちはどういう人間だというイメージを固定してしまう力がある。日本で最初に書かれた歴史は『日本書紀』だが、これは六六〇年代に始まった日本建国の事業の一環として、天武天皇によって着手され、七二〇年に完成したものである。『日本書紀』は、日本建国を正当化するために書かれたものだから、その内容は、日本国という統一国家には古い伝統があり、紀元前七世紀という早い時代に、中国とも韓半島とも関係なしに、全く独自に日本列島を領土として成立し、それ以来、常に万世一系の日本天皇によって統治されてきたのだという立場をとっている。

この『日本書紀』の主張は、中国や韓半島の文献とかみ合わないので、事実に反していると考えることでは、現代の歴史家は一致しているのだが、それでも『日本書紀』の枠組みの影響を逃れることは難しい。

何しろ、七世紀以前の日本列島の政治史の材料は、土着のものとしては『日本書紀』しかない。『古事記』というものはあるが、後で詳しく述べるように、これは九世紀の平安初期の偽作であり、その枠組みは『日本書紀』そのままなので、『日本書紀』と『古事記』を突き合わせても、『日本書紀』の主張の壁を乗り越えるには役立たない。

やはり、『日本書紀』が反映している、七世紀の建国当時の政治情勢を考慮にいれながら、その一つ一つの記事の価値を判断して、利用するしか方法はない。

これが史料批判というもので、歴史学の正統な手法であるが、日本史しか知らない歴史家は、どうしても『日本書紀』の枠組みに引きずられがちである。『日本書紀』の枠組みから自由になるには、中国史と韓半島史の十分な知識が必要である。

ところが、ここにも困難がある。中国でも韓半島でも、土着の歴史書が主張することを、そのまま事実として受け取るのは危険である。

それらの歴史書は、歴史である以上、中国なり韓半島なりが、それぞれ独自の起源を持つ、統一国家たるべき宿命を持った文明であることを主張するために書いたものだからである。

そういう主張を持った歴史書を材料として研究する、中国史なり韓半島史なりの専門家の考え方は、どうしてもその歴史書の枠組みに支配されやすい。

こうして「定説」といわれるものが生まれ、「周知の事実」として歴史教科書や歴史辞典に記載されることになるが、そうした定説はほとんどが十分な検証もなしに流通しているもので、定説ならばまず疑ってかかるほうが安全である。

(2) 中国の起源

中国の本当の起源は、紀元前二二一年に秦の始皇帝が中原の都市国家群を征服して統一したときであり、中国の歴史は二千二百年あまりの長さしかない。それ以前の中原には、それぞれ生活形態のちがう蕃・夷・戎・荻《てき》の人々が入り交じって住んでいたので、後の中国人はこれら異種族が混血した雑種である。

しかし、紀元前一〇〇年頃に司馬遷が書いた中国最初の歴史である『史記』は、中国は黄帝以来、中国人の天下であり常に正統の帝王によって統治されてきたという立場をとっている。それから後に中国で書かれた歴史は、すべてこの『史記』の枠組みを忠実に踏襲して書かれたので、その結果、中国は五千年の歴史をもつ不変の高度な文明であり、ときおり北方の野蛮人に征服されることがあっても、たちまち征服者を同化してしまい、征服の影響は後に残らなかったという、中華思想の歴史観が固まってしまった。

中国人だけでなく、日本人の中国史家も、『史記』型の歴史観に基づいて書かれた史料しか読まないから、中国史料の偏向に気がつかず、中華思想の枠組みに支配されていることさえ自覚していない。

たとえ自覚しても、中国史料の偏向をどう修正したらいいのか、見当がつかない。こうゆう状態では中国史の立場から日本史に対して有効な寄与はできない。

（3）韓国の起源

（中略）

韓国（朝鮮）文明と呼べるようなものは、この七世紀後半から発達を始めたのであって、それ以前の韓半島にあった文明は、独自の文明というより、中国文明の地方版というべきものだった。この点では、建国以前の日本列島の文明も同様である。

日本文明と韓国文明は、中国文明の基礎のうえに、六六〇年代に同時に発達を始めたものだから、韓国文明が日本文明の源流であるという主張は、とんでもない時代錯誤である。

日本史という枠組みは、日本という国家が成立した後にしかあてはまらない。日本建国以前には、国境が未だなかったのだから、当然、国内と国外の区別もなかった。

だから、七世紀の日本建国以前の歴史は、日本史ではなく、日本古代史でもなく、日本列島・韓半島・満洲・中国にまたがる、広い意味での中国史なのである。この意味での中国史が、すなわち日本建国以前の世界史である。

中国史は、紀元前三世紀の秦の始皇帝の中国統一とともに始まったが、最初の五〇〇年間の主役は秦・漢の中国人であった。

それが四世紀始めの五胡十六国の乱を境いに、中国人の勢いは衰えて、北アジアの遊牧民出身の人々が代って中国史の主役となり、それとともに満洲・韓半島・日本列島でも、土着の人々が主導権を握るようになった。

この状態が三百年続いた後、遊牧民出身の隋・唐が中国を再統一し、かつての秦・漢帝国の再現をめざして、満洲・韓半島に介入した。

七世紀に新羅と日本がそれぞれ統一王国になるのは、唐の介入に対する反応であり、中国に対する自衛の手段であった。

このように、中国の中身は入れ代わっても、中国の存在が韓半島・日本列島の人々にとって脅威であることは変わらなかったのである。

（中略）

(4)『倭人伝』の本当の価値

(あ) 4百年以上、中国の支配下に

それでは、『倭人伝』から日本の建国の事情を知ることは不可能だろうか。それは可能だ。これからそれを説明するが、皆さんの気にいるような話にはなりそうもない。気に食わない点は、真実はえてして苦いものだとあきらめてもらおう。

一口に言えば、われわれ日本人は、紀元前一世紀の終わりに中国の支配下に入り、それから四百年以上もの間、シナ語を公用語とし、中国の皇帝の保護下に平和に暮らしていた。

それが紀元四世紀のはじめ、中国で大変動があって皇帝の権力が失われたために、やむをえず政治的に独り歩きをはじめて統一国家をつくり、それから独自(?)の日本文化が生まれてきたのである。

『魏志倭人伝』の本当の価値は、この大変動の前夜における倭人の政治的地位が、中国世界の中でどのようなものだったかを示してくれているところにあるのである。

＊筆者註　中国の大変動…紀元316年匈奴、正晋を滅ぼす。五胡十六国時代始まる(～4

（日本史年表より）

39）

（い）中国の商業ルート

中国とシナは同義語ではない。中国は今でも多族国家で、漢（シナ）族・モンゴル族・満洲族・チベット族・ウイグル族の五大民族のほかに、多数の少数民族の連合だが、古代でもやはりそうだった。

夏・殷・周などの古代王朝は、みな黄河の渡河点の洛陽・鄭州あたりを中心とした都市国家で、その都市国家は多く渡し場で開かれる定期市が原型だった。

ここで発生した商人団の頭が「王」であって、ちょうどハンザ同盟（中世の北ヨーロッパ商業圏を支配した北ドイツ都市同盟）の merchant prince（豪商）のように、しじゅう王国に加盟している都市の間を、「往」来して、同盟内の問題を解決しなければならなかったから、「王」と呼ぶのである。

「往」と「王」はトーンはちがうが同音である。これが中国の皇帝の原型になった。

王都からは四方に貿易ルートが伸びていて、それを通って商品が流れる。東方の山東半島方面、東南方の揚子江（長江）口、南方の揚子江中流の武漢市方面、さらに南の広州市方面へは船で内陸の河川を航行できるので進出しやすく、古代ギリシャ人のように古代中国人も蛮地に植民しては新しいポリスを作って発展していった。

これはもちろん、取引量の増大に応じて、さらに多くの商品を確保しなければならなかったからである。

こうして中国は、水路に沿って広がっていったのだが、その際入植した開拓者は決して農民ではなかった。最初に乗り込むのは商人である。始めのうちは、中国商人は現地に根拠地を作ろうとせず、商品の交易が終るやいなやひきあげる。

岸に全く下りず、船に乗ったまま取引きをすませることもある。

それが毎年定期的に来航しているうちに、取引高が大きくなって、寄港地だけでは十分な量が集まらなくなると、奥地から商品が集ってくるのを待つ間のために、陸上に宿舎を建てることになり、やがて一年を通じて滞在する商社の駐在員が現れる。

すると、その生活を支える食糧が必要になり、需要に応じて現地の生産性があがってくる。こうして都市が発生するそれまで原住民の間にはあまり階級の差がなかったのに、部落を代表して中国商人と交渉する役目の酋長の権力が、部落の経済が貿易に依存する度が強くなるにしたがって増大し、ついに酋長は奥地の部落を経済力で支配して、一つの小王国を作りあげることになる。フィリピンのマニラ市は、全くこうして華僑が作りあげた都市であり、スペイン人のフィリピン支配は、マニラの経済力を基盤としたから成功したのである。

つまりここでは、スペイン人の総督が、部落の酋長に当たるわけである。

古代の韓半島で言えば、北朝鮮の平壌を首都とした朝鮮王国も、こうしてできたのであった。

(5) 河内・播磨・越前王朝

(あ) 畿内の倭国の起源

日本の文献に残る最古の王権は、四世紀の後半に難波に成立した河内王朝である。

七二〇年に完成した『日本書紀』は、この王朝の天皇（実は倭王）として仁徳天皇・履中天皇・反正天皇・允恭天皇・安康天皇・雄略天皇・清寧天皇の七代の系譜と事跡を伝えている。しかし河内王朝についての根本資料は、四七八年に倭王・武（雄略天皇）が南朝の宋の皇帝に送った手紙である。

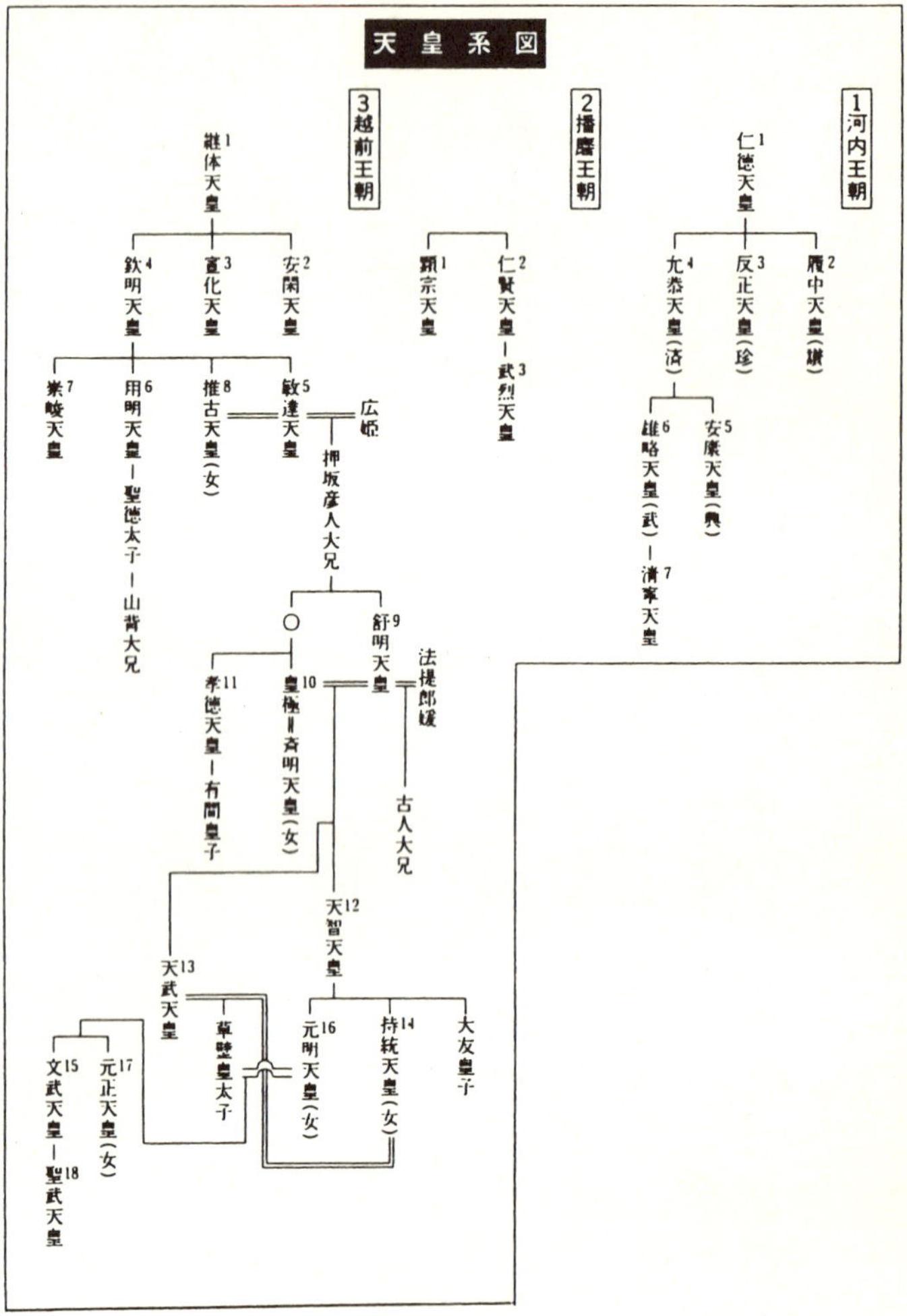
天皇系図
1河内王朝
仁徳天皇 1
履中天皇(讃) 2
反正天皇(珍) 3
允恭天皇(済) 4
安康天皇(興) 5
雄略天皇(武) 6
清寧天皇 7
2播磨王朝
顕宗天皇 1
仁賢天皇 2
武烈天皇 3
3越前王朝
継体天皇 1
安閑天皇 2
宣化天皇 3
欽明天皇 4
敏達天皇 5
用明天皇 6
崇峻天皇 7
推古天皇(女) 8
広姫
聖徳太子
山背大兄
押坂彦人大兄
○
舒明天皇 9
法提郎媛
皇極＝斉明天皇(女) 10
孝徳天皇 11
有間皇子
古人大兄
天智天皇 12
天武天皇 13
持統天皇(女) 14
文武天皇 15
元明天皇(女) 16
元正天皇(女) 17
聖武天皇 18
草壁皇太子
大友皇子

『宋書』の「夷蕃列伝」に載っているこの手紙の文面には、王朝の建国の事情について、次のように記している。

「昔より祖禰《でい》は、躬に甲冑をつらぬき、山川を跋渉し、寧らかにおるに遑あらず。東は毛人の五十五国を征し、西は衆夷の六十六国を服し、渡りて海北の九十五国を平らぐ」

ここの「祖禰」は「祖父である禰」の意味で、「禰」は雄略天皇の祖父に当たる仁徳天皇の名前である。

中国の古典の用例では「禰」は父の霊を祭る廟を指すので、これまでの学説では、「祖禰」は「祖先以来」を意味するものと漠然と解釈されてきたが、これは間違いである。明確に、仁徳天皇の事跡を伝えようとしているのだ。(「禰」の本来の意味は廟の建物そのもの、または廟の中に安置された位牌のことで、生前の父を指した用例は見つからない)

仁徳天皇が武力で征服したという東の毛人の五十五国は、上毛野国(群馬県)・下毛野国(栃木県)に代表される関東地方の諸国であろうし、西の衆夷の六十六国は、九州の諸国であろう。その中間の中部・近畿・中国・四国の諸国は、かつて二派に分れて、それぞれ邪馬台国の女王と狗奴国の男王を支持した諸国であるが、こんどは連合して、仁徳天皇を共通の倭王として戴いたのである。

この倭王・禰（仁徳天皇）が渡って平らげた海北の九十五国とは、いうまでもなく韓半島の諸国である。韓半島では、楽浪郡の故地を占領した高句麗王国が三六九年、故国原王にひきいられて南下を開始し、帯方郡の故地に独立していた百済王国を征服しようとした。

百済王の太子・貴須（近仇首王）は、難波の仁徳天皇と同盟して、仁徳天皇を倭王として承認、証拠として七枝刀を作って贈った。大和の石上神宮に現存するこの七枝刀には、三六九年の日付と、次の銘文が刻んである。

「先世以来、いまだこの刀あらず。百済王世子は、聖なる晋に生まれたるを奇とし、ことさら倭王のために旨して造らしめ、伝えて後世に示す」

こうして仁徳天皇が倭王の地位を外国から承認された三六九年は、河内王国の建国の年とみなしてよい。これが、畿内の倭国の起源となった。

(6) 宋と河内王朝

こうして倭国の後援をとりつけた百済は、三七一年、再び高句麗と戦って破り、故国原王を殺した。二〇年後の三九一年、倭国は初めて韓半島に大規模な介入を行った。高句麗の「広開土王

碑」によると、

「倭は辛卯の年（三九一年）をもって来たりて海を渡り、百残（百済）・口羅（新羅）を破り、もって臣民となす」

ということである。これが倭王・武の手紙に言う、祖父の禰が渡って海北の九十五国を平らげたという事件であることは間違いない。

倭が百済を破って臣民となしたというのは、百済はもともと高句麗の属民だという高句麗の立場からの見方で、実際の倭軍の行動は、百済と連合して高句麗に対抗する戦線を結成し、高句麗派の新羅を制圧するのだった。これから倭・百済の連合軍は四〇七年まで、韓半島で高句麗軍と戦闘をくりかえした。

この四〇七年のころ、倭王・禰（仁徳）は死んだようで、四〇七年以後、韓半島での戦闘は広開土王碑に伝えられていない。

『日本書紀』の「仁徳天皇紀」は、こうした倭王・武の手紙と「広開土王碑」からうかがえるような、日本列島内の諸国の武力征服については、何一つ語っていない。

その代わりに語るのは、難波に都して高津宮を建てたこと、宮の北に堀江を掘って大和川の水を大阪湾に排出したこと、茨田堤を築いて淀川の氾濫を防いだこと、都の中に大道を作って南門から丹比邑に達したことなど、大溝を感玖に掘って原野を灌漑し、四万余頃の田を開墾したことなど、河内国（大阪府・兵庫県南東部）の開発に関する事項と、生前に自分の墓として百舌鳥耳原陵を築いたことなどで、いずれも王朝の建国の君主にふさわしい話である。

四一二年に高句麗の広開土王が死んで高句麗と倭の間に和解が成立した。翌四一三年には、高句麗の長寿王の使者と、仁徳天皇の息子の倭王・讃（履中天皇）の使者がつれだって、南京の東晋の朝廷を訪問した。

このとき既に東晋朝の実権を握っていた将軍・劉裕は四二〇年、自ら皇帝となって宋朝を建てた。これが宋の武帝である。

この宋朝と河内王朝の倭国は、倭王・讃の弟の倭王珍（反正天皇）―倭王・済（允恭天皇）、倭王・済の息子の倭王興（安康天皇）―倭王・武（雄略天皇）の二世代、五王にわたって友好関係を保ったのである。（中略）

＊筆者註　応神天皇が、実在したかどうかについては、既に前第八章にて結論を出している。いずれが正当かは、読者の判断にお任せしたい。

（7）七世紀後半、日本誕生す

（あ）「日本と天皇」の起源

さて、倭国の政治史は、六二九年の舒明天皇の即位から後、やっと歴史時代に入る。

六四一年の舒明天皇の死後、后の皇極＝斉明天皇が即位して女王となり、間もなく六四五年に弟の孝徳天皇に王位を譲って、みずから皇祖母尊と称した。

『日本書紀』の「孝徳天皇紀」では、このとき舒明天皇と皇極＝斉明天皇との間に生まれた長男の天智天皇が皇太子となり、いわゆる「大化の改新」を断行したことになっている。

しかしこの「大化の改新」の内容は、後の六六三年の白村江（錦江）の敗戦のあとで、天智天皇が実行した日本建国の事業を、年代をくりあげてここに書いたものにすぎない。

六五四年にいたって、皇祖母尊の皇極＝斉明天皇は弟の孝徳天皇を見捨てて大和の飛鳥に移り、孝徳天皇は難波の京で死んだ。皇極＝斉明天皇は倭国の王位に復帰した。

六六〇年、唐は新羅と連合して百済を滅ぼした。百済は河内王朝以来の倭国の同盟国だったので、皇極＝斉明天皇は百済の復興作戦を決意し、翌六六一年、宮廷をあげて海路、難波から博多に移った。しかしその甲斐もなく皇極＝斉明天皇は、その年のうちに博多で死んだ。

皇太子の天智天皇はそのまま博多に留まって作戦を指揮したが、六六三年、倭軍の艦隊は白村

河内王朝時代の倭国地図

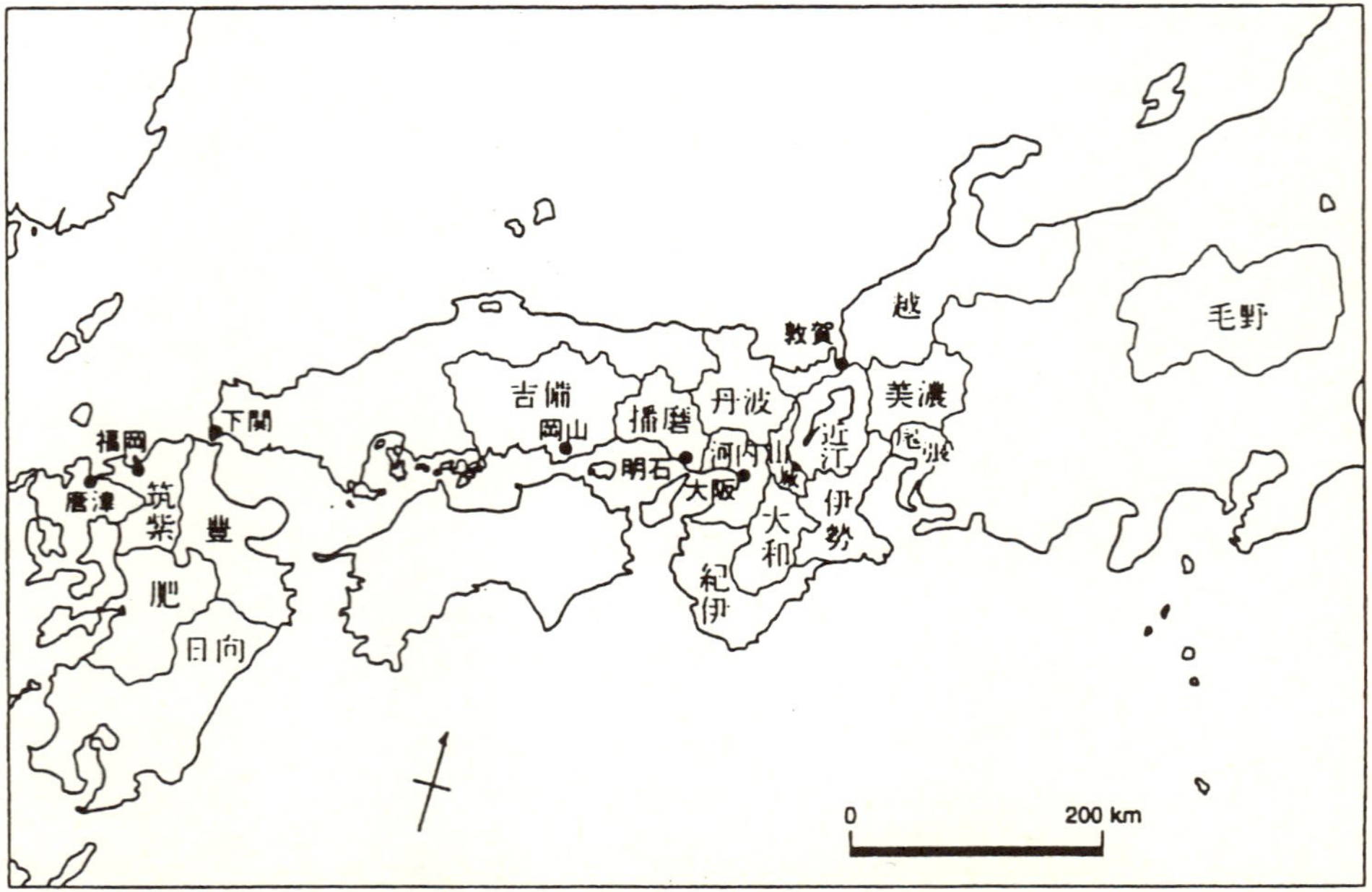

江口の海戦で唐軍の艦隊に敗れて全滅、作戦は失敗し、倭人たちは韓半島から締め出された。

天智天皇は、ただちに日本列島防衛のための統一事業に着手した。都を近江の大津に移し、成文法典『近江律令』を制定した。その中で、倭王は今後、外国に対しては「明神御宇日本天皇」と自称することを規定した。

これが「日本」という国号と「天皇」という王号の起源である。

日本列島内の諸国はそれぞれ自発的に解体して、旧倭国と合同し、新たに日本国を形成することになった。

こうして天智天皇は、六六八年に大津の京で即位して、最初の日本天皇となった。これが日本の誕生であった。

翌々六七〇年には、初めて戸籍を作り、六七一年には太政大臣・左大臣・右大臣・御史大夫以下の中央政府の官職を任命し、『近江律令』を施行した。

六七〇年に新羅に派遣された阿曇連頬垂は、外国に対して日本国を名乗った最初の使節である。

天智天皇の息子で太政大臣だった大友皇子は大津の京に拠り、天智天皇の弟の天武天皇は飛鳥の京に拠って対立した。

翌六七二年、天武天皇が飛鳥を脱出し、伊賀・伊勢経由で美濃へ向かうとともに、事態は内戦に発展した。これが「壬申の乱」である。

結局、大友皇子は戦い敗れて自殺し、翌六七三年、天武天皇が即位して日本天皇となった。

(8)『日本書紀』の創作

新生日本国には、新しいアイデンティティの基礎となる歴史が必要であった。

天武天皇は、六八一年、六人の皇族と六人の貴族の委員会を設置して、「帝紀および上古の諸事を記し定める」ことを命じた。

こうして『日本書紀』の編纂が始まった。『日本書紀』はこれから三十九年後の七二〇年にいたって完成した。

その内容は、日本の建国の年代を天智天皇の六六八年ではなく、それより千三百二十七年前におき、日本列島は、紀元前六六〇年の神武天皇の即位以来、常に統一され、万世一系の皇室によって統治されてきたこと、日本の建国には中国からの影響も、韓半島からの影響もなかったことを主張するものである。

＊筆者註　以下、著者・岡田英弘氏の説によれば、仁徳天皇以前のすべての天皇は、或いは

身近かに祭られた祭神を擬人化し、或いは既に実在した天皇の事跡をモデル化した天皇であるとされるので省略する。

第十一章　天皇とは

（1）なぜ天皇家は永続するのか

今までわたしが見てきた古代史によれば、少なくとも紀元前一千年、江南の地に越の国と同居していた倭人が越人と伴に、中国の周の国にささやかな貢ぎ物をもって参内していた。勿論、朝貢したときの倭人グループの酋長が誰かはわからない。しかし、江南の倭人を代表してはるばる周の朝廷に参内できるほどの人物であれば、わたしが、さきに夢みた『南の島の酋長』と比肩するほどの人物に違いない。周の皇帝も心よく倭人の永住を許したのであろう。

その倭人の末裔たちが楽園の地、江南を追われ、いつ、倭国に帰って来たかはわからない。そこでなぜ、『南の島の酋長』と称えられる日本の天皇制は長命なのか。これからそれを探ることにする。幸い哲学者であり、史学者の大家でもある上山春平氏が、天皇制に関する貴重なご意見を述べられた著書があるので、以下それをご紹介する。

わたしたちが中国の国家の構造と日本の国家の構造を比べようとするときに、唐の令と日本の『太宝令』もしくは『養老令』を比べる作業、もうひとつは『日本書紀』と『漢書』や『史記』を比べる作業、こうした作業が初歩的な作業として不可欠なわけです。

そういうことは、既に多くの歴史家たちによって行われていますが、わたしは、哲学の角度から、背後にある哲学的観点というものを考えてみたいと思うのです。哲学で言いますと国家論の問題です。

昔から理想の国家の姿をどうつかむかというのは、哲学の中心テーマの一つになっていまして、プラトンの『国家』という対話篇などはその代表作とされています。それからアリストテレスの『政治学』というのが、君子制や民主制や貴族制とかいう概論というのは、このアリストテレスの『政治学』を出発にしていると言ってもよいのです。

そういうわけで、わたしたち哲学に関心のあるものは、まず、この時代にどういう風な国家理想というものが描かれただろうか、『日本書紀』とか『太宝律令』の背後にある国家論は何か、国家哲学はなんであったのか、果たしてそういうものがあったのかどうか、そういうことを、問いたくなるわけです。そういう問いを発していった結果、いくらか今までの歴史家と違った考えが出てまいりましたので、以下、そういうことをお話しすることにいたします。

（2）皇帝と天皇

まず律令の上の比較。それが国家構造の上にどういう違いとして出てきているかということ、これは一言で言えば、中国の「皇帝」と日本の「天皇」の違いです。これは名称も違っていますが中身も大変違うものだということです。それがどのように制度にあらわれているかというと、非常に抽象的に書きますと、むこうの皇帝には、中書省、門下省、尚書省という三つの機関がそれぞれ独立に直属しています。

皇帝
- 中書省
- 門下省
- 尚書省

中書省は、詔勅などを起草したりして、皇帝の意思表示を助ける機関。それに対して皇帝周辺の貴族集団の意見を反映させるチェックの機関が門下省。それから執行機関としての尚書省。これらは、非常に皇帝の強い独裁権力のもとに、それぞれ孤立して直属していて、場合によっては、皇帝に都合の悪い、門下省などは眠らされるわけで（黙らされるわけで）、ともかく強い皇帝独裁というものが実現されるシステムになっている。

　ところが日本の場合には、天皇のもとに神祇官と太政官という、中国にない二つの役所が直属する形になっている。

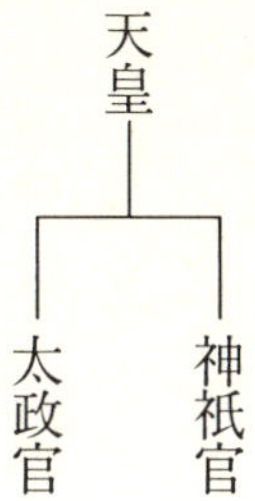

　太政官というのは、中国の三つの省を一本にしたような統一的な機関です。神祇官というのは、祭祀をあつかう官庁ですが、中国では、祭祀関係の官庁は尚書省の一つの部局に過ぎないのに、日本では、それが、中署、門下、尚書を一本にした形の太政官と対等みたいな形になっている。これは、多くの学者が指摘するように、日本の律令と中国の律令の大きな相違点なのです。

　問題は、それの意味です。それの意味を追究してゆくあたりに、問題点が出てくるだろうと思います。

その意味を考える場合に、天皇と皇帝の違いというのが、この制度上の違いと深い関連をもって捉えられてくる。

政治のことは、ほとんど太政官が最高議決機関みたいなものとして決定する。ここでもって高級官僚の人事みたいなものも処理できる。中国では高級官僚の人事は、皇帝が直接、進級させたり任官させたりする。

日本では、太政官で、高級官僚までのほとんどの人事が処理できるような構造になっている。それから、ある意味では、中国には最高議決機関みたいなものはなくて、最後の決断は皇帝が下すわけですが、日本の場合には、太政官が最高議決機関みたいなもので、勿論上には天皇がいるのですが、かなり大幅に天皇の政治を代行できる仕掛けになっている。

しかし、天皇のもとには不可欠な機関として、神祇官という祭祀の機関がある。中国ではその違いを総合してゆきますと、結局、日本の場合には、祭祀というものが非常に大きな役割を担わされた君主である。そして、政治のほうは、太政官というものに任せられるような仕組みがある。

祭祀のほうの比重が重く、政治のほうの比重が軽くなった皇帝像というものが、そこで考えられてくるわけです。(中略)

（3）摂関制と幕府制

日本では人事権というのは、太政官がほとんど掌握しております。
その太政官の権能がいちじるしく顕著になったのが摂関制なのです。このへんは、教科書や一般啓蒙書などが非常に誤解を与えやすいところです。何か律令制がつぶれて摂関制が出てきたような印象をうけとっておられる方が随分おられるのではないでしょうか。律令制というのは、奈良時代の前半ぐらいでもう崩壊した、そのあと、荘園制がとって代わった。こういう言い方もこまります。

国家体制と生産ないし所有のシステムという次元の違うものをもってくるのは困ると思う。わたしは、律令制と荘園制なんてものは並ぶものではないと思う。

律令制という国家の枠組は、明治維新まで形骸化しながら続いているという側面があるわけです。国家という目に見えないものには、そういう観念的側面が非常に大きく働くのです。だから、マルクス主義の角度からは「国家は幻想である」というふうなことを言いますが、それは、ある意味で、国家の観念的側面・観念のもっている力というものを批判的な側面から非常によく照らし出しているのだと思うのです。国家は幻想だという言い方は確かに当っている面があり、そういう幻想を必要とするというのが人間存在であるかもしれない。

人間が個々にそれぞれにバラバラな利害をもちながら、それが集まって、非常に大きな範囲で、非常に大きな数の人間が、何か共通なものをもっているときには、一つの幻想と言いますか、観念的な結び目でもってつながってゆくという側面があるかもしれない。

そういうふうなものがあるとしたら、この律令というのはひとつの結び目となって、八世紀に現れて明治維新までずうっと存続していたと言える。それは京都という場所にセンターがあって、その中心に天皇がいる。実際上の政治の中心が江戸にあった江戸時代でも、京都の方を「上方」と呼んだ。

おそらく、律令という、それこそ幻想としか言いようのない観念的存在の中核に天皇がいて、京都に存在していた。それが、明治の変革期に新しい意味づけをもって近代の君主制の核としてリバイバルするわけですが、そういう明治維新のメカニズムを深く捉えるためには、国家における観念の力というようなものに、もう少し焦点をあわせていかないといけないと思う。

そこで摂関制の問題ですが、先ほど言いましたように、摂関制というのは天皇の政治を代行する太政官の機能が極端に肥大したもの、大きくなったものという局面をもっているわけです。一般には、なにか律令制がこわれて摂関制ができたように言いますが、摂政、関白というのは太政官の幹部でないとなれない。太政官の幹部といえば、太政大臣、左大臣、右大臣。これが最高幹部です。

その下に大納言や中納言とかがいて、全体として太政官の合議体を構成している。そのメンバーには参議というものもおります。この太政官の最高幹部、太政大臣、左大臣、右大臣、せいぜい内大臣というふうな地位をもっていないと、摂政、関白になれないというのが、ほぼ原則だったのです。

ですから、これは太政官の機能を、藤原氏が、しかも藤原氏のなかの北家が独占したという形態です。それまでは太政官の合議制でやっていたのを、藤原氏の北家が摂政や関白とかになることによって、ほとんど独裁的にリードしていく。その姿になった形が摂関制であって、これは、律令体制の太政官の機能が、ある異常な変形をしただけであって、やはり律令制の原理をまったくはずれたものとは言えない。

その辺から日本的特異性が出てくるのではないかと思う。天皇の政治を代行するという太政官の機能を藤原氏の北家が独占してゆく。そして、やがて藤原氏が力を失うと、藤原氏の代行機能を幕府というものがまた代行する。幕府というのは、もともと中国出先の将軍の本営を言い、臨時に裁判とか軍事の中心となったのです。日本の場合、この臨時の中心みたいなものが、だんだん成長して、藤原氏の政治を代行するようになる。

このあたりに、中国と違った独自の変形のプロセスが見られます。日・中両国の律令国家の歴史を大観して見ますと、中国では、何度も王朝を変えながら皇帝の独裁の形というものを持続させて行ったのに対して、日本では、はじめから君主の独裁権力が弱くて、君主の大政を太政官に代行させており、さらに、太政官の中心に藤原氏がいて支配的な力をもち、その藤原氏がさらに幕府に実権を委ねてゆく。その形が固まるのが徳川三百年です。だから、明治までは、こういう形が極端化してゆくプロセスと考えられる。

その由来は、何と言っても、政治の実権を、中国の場合のように圧倒的に君主がもつことなく、君主の祭祀的な役割が強くて、政治的なほうは太政官に委ねてゆくという律令体制の形にある。全体として祭祀の比重が非常に大きい。そのことが、だんだんと政治のほうを、こうした形に変えさせてゆく一つの出発点になったのではないか。

八世紀初頭以来の約千年間にみられる中国と日本国家の歴史の違いは、今申しましたようなスタートの違い、ここからきているように思いますし、同じ律令というものを前提としながら、皇帝と天皇のもった役割の違いというのも、そこからずうっと尾をひいて出てきたものである。

（中略）

（4）明治維新

七〇〇年前後の律令制確立期とならぶエポックとして、明治維新というのが大きく天皇の役割を変えました。現在まで、明治以後の天皇の役割が何となく惰性的に継承されている形ですが、この明治時代の天皇の役割について申してみたいと思います。

徳川幕府を打倒すると、そのあとには、それを打倒した勢力、薩摩とか長州を中心とする勢力が実権を握るわけですが、諸外国の大きな重圧のなかで変革をやらざるをえなかったから、速やかに事態を収拾してゆく必要もあり、過去の権威とあまり大きな激突を起こさないという処理方法を選ぶわけです。

天皇というのはそれまでずうっと続いて来た最高の政治的シンボルで、それに対しては、今までの大名たちも公卿たちも権威の上で対抗できない。そこで、そのシンボルをうまく使いながら、実際的な新しい権力を形成してゆくという課題に維新政府は直面させられる。

明治二十二年（1889）にできた憲法を見ますと、前文あたりで天皇の位置はほとんど『記・

紀』神話によるというふうな意味のことが書いてあります。『記・紀』神話によりかかって、まず天皇の権威を設定する。その上で、実際の政治権力の中心としては太政官に代わる内閣というものをもってくる。

だから、それまで中国の律令制の骨格で太政官というものをデッチあげて、中国の中書、尚書、門下を一体にしたような統一権力を作りあげて、それが政治を実質的に運営していたのを、今度は内閣というものにそれを移しかえる。

その上で、内閣にブレーキをかけるものとして、ヨーロッパにおける、ブルジョア革命以降の議会制の伝統というものを導入したわけです。

ここに大きく天皇というものが変形する。律令的天皇から憲法的天皇へ、議会制を規定した憲法というものによる天皇へ大きく転形してくる。

しかも、そこにおいてもなお、憲法の文面においては、天皇にはヨーロッパ風の絶対君主に近い権力を与えた格好にありながら、議会というものを母胎にし、かつ、初めはそれほどでもないですが、だんだんと議会との関係を密接にして構成される内閣が、太政官の実際上の権能を継承してゆきまして、そこで決定したことに関して天皇は拒否権をもたないという運営方式をとるわけです。

明治以後の天皇と内閣というものの関係をみてゆくと、『大宝律令』時代の太政官と天皇との関係というものを見てゆく上のひとつの大きな手がかりになると思うのです。したがって、明治以後の天皇のあり方というのは、律令を受け入れたときと同じように、外形だけはプロシアのカイザーだとかロシアのツアーみたいに見えながら、中身はまったく違って、内閣というものが実際に権限をもって、最高の決定を行ってゆくという、構造になっていたと思うのです。

権力の中枢メカニズムというのは、日本が敗戦に直面するまではほとんど秘密の扉にとざされていたわけですが、戦後、極東裁判によって、大戦期の最高決定のメカニズムが明るみに出され、そこで、天皇が実際の政治決断とどうかかわってきたかというデリケートなことが問題とされ、また政治の最高機関に関与していた人々のメモや日記類が、たくさん公刊されてきた。そこに憲法にかかれている天皇の位置付けと、実際におこなわれていた天皇の政治的役割とのズレを解明する手掛かりが与えられているわけです。

律令時代の天皇の姿というものは、中国の律令をまねたために、外見上、中国の皇帝に似たようなところが沢山あるんです。丸写しのところがあるわけです。実際の運営においてどこまでそれと違っていたかは大きな問題点ですが、摂関制が生まれ、幕府制がうまれたという代行機能の肥大化の実績から見て、先ほどわたしが申しあげたような経過をたどっていたのではなかろうかというふうに思われます。

今まで、申しましたことを要約しますと、日本の国家体制というのは七、八世紀ごろに、中国の国家体制のまねをしましたけれども、中国のような独裁体制は採用しなかったらしい。

そして、君主の実権は大幅に太政官というものに委ねられたらしい。これがわたしの第一の仮説です。それが原形になって摂関制が生まれ、幕府制が生まれ、そして、明治維新以後の内閣制が生まれ、権威のシンボルとしての天皇と、権力の担い手としての政府という二元的な体制が継承されたのではないかと、考えているわけです。(以下、宮中の祭祀、伊勢神宮の祭祀の項は省略)

私見・天皇家では聖徳太子の

「和をもって尊しとなす」

を格言としていたようです。

第十二章　国、やぶれて山河あり

(1) 大艦巨砲主義の愚

昭和十八年八月、わたしが海軍の技術委託生として横須賀海軍工廠に実習にきたときは、軍港内はまだ活気に満ち、たまたま停泊していた重巡愛宕は将官旗をはためかせて、その威容を誇示し、そのまわりには多くの随伴艦が供奉していた。そして大ドックには戦艦大和クラスの建造を急遽、航空母艦に変更改造中の巨艦(名前はまだない、402号艦と呼ばれていた)が昼夜兼行で建造中であった。

わたしたち同期生4名は、この402号艦の艦内電纜運搬敷設係として働いていた。太ももほどもある重い電纜を4人がかりで、艦内縦横に張りめぐらす作業は、生まれてこのかた、やったこともないほどの重労働であった。しかし、この作業は艦内の案内を知るうえでは貴重な体験ではあった。

そして昭和十九年八月、再びの夏季休暇を利用しての再会時には、402号艦はその英姿のほぼ全容を現わし、我々を狂喜させた。その飛行甲板は巌の如く微動だにせず、いつか見た、改造空母「千代田」艦の踊るような飛行甲板と比較し、何と心強かったことか。

　この期待の大きかった402号艦も何らの武功を建てることなく、海底の藻屑と消えてしまった（詳細は後述）。ひるがえって小沢艦隊に属する「千代田」艦は十九年十月二五日、ルソン島エンガノ沖海戦で勇戦奮闘、刀折れ矢尽きるまで戦い、遂に16時55分沈没した。「千代田」艦の名誉のために敢えて、付言しておく。

(2) 捨て身の戦法

　急激に悪化した戦況に焦った軍は、起死回生の策として、種々捨て身の戦法を案出した。その嚆矢（かぶら矢・物事の初め）となったのが昭和十六年十二月八日、開戦と共に特殊潜航艇を駆って真珠湾に突入した特別攻撃隊である。その戦術の人道的な是非は別として終戦まで、この潜航艇は多くの改良が加えられ、大きな戦果を挙げてきた。

　そしてまた空の上では、零戦に爆弾を抱かせ敵艦に突入する特攻作戦「神風特別攻撃隊」が関行男大尉以下201空、戦闘機パイロット23名をもって結成され、多大な戦果をあげて散華した。陸軍、またこれに追随している。

遂に、究極的な特攻機として空に人間爆弾「桜花」、海に人間魚雷「回天」が生まれた。

「桜花」が海軍航空技術廠で製造され始めたのは十九年八月、全長6メートル余、翼長5メートル、先端部に1・2トンの爆薬を詰め、ロケット推進(あまり役に立たなかったという)を持つ、木製の文字通り滑空する人間爆弾である。

「桜花隊」は沖縄戦の前哨戦である西南諸島付近にある敵を求めて二十年三月二一日、1式陸攻18機(「桜花」15機)、護衛の戦闘機30機が九州鹿屋基地を出撃した。神雷部隊の初出動だったが、30分、50分経っても何の連絡もなく、「敵を見ざれば南大東島へ行け」と打電したが返事もなかった。午後になって護衛の零戦が帰投して、初めて全滅を知った。戦死者は「桜花隊」15人、「攻撃隊」135人、戦闘機隊10人、総計160人である。以来、「桜花」による出撃は散発的になるが戦果はわからない。

アメリカが沖縄で見つけた桜花を「BAKABOMB」と呼んでいたことは事実だ。


さて、海の人間魚雷「回天」は、その着想は真珠湾攻撃の特殊潜航艇に求められるが、これと全く異なる点は特殊潜航艇そのものが魚雷となったことである。いかに、お国のためとはいえ無残な戦いを強いられたものである。「回天」を運ぶ潜水艦にとっても地獄であった。

この回天作戦に従事した潜水艦は延べ31隻で、うち8隻が撃沈されている。85人の特攻隊員が特攻死したが、その裏には整備員（「回天」1基に1人の整備員がつく）30人と、潜水艦乗員845人、計875人が戦死している。大きな犠牲であった。

さて、建造予定の戦艦を、慌てて航空母艦に改装した「402号」艦も、約五年の歳月を経て昭和十九年十一月十九日、漸くにして竣工、その名も「信濃」と命名された。

そしてその十日後、「信濃」は艤装のため横須賀を出港、呉に向かった。しかし幸運の女神は彼女に幸いせず、悪魔の敵潜水艦に魅入られ、紀州・熊野灘・潮岬沖合にて敢えなく、沈没してしまった。

〝大廈の倒れんとするや、1木の支うるところにあらず〟（大廈＝大きな建物）

まさに日本「海軍」そのものを「信濃」が象徴していたのである。

「信濃」、もって瞑すべし。

（3）本土防衛戦へ

ここで日本陸海軍も故国を遠く離れて戦う愚を悟り、本土防衛に専念することになった。専守防衛である。尤も、護るべき外地はすべて失っているから当然であるが、1つ、変ったのは「回天」の戦法である。従来は1潜水艦に3、4隻の「回天」を搭載し、はるばる、敵影を求めて出撃して行った。

今度は沿岸の小さな港町の山裾に、岩穴をあけ「回天」を隠蔽し、「敵艦見ゆ」との警報により出撃する戦法をとったのである。「回天」は頭部に1・6トンもの炸薬を詰め、30ノットで30キロを突っ走り、敵艦に突入するのである。瞬時の判断が要求される。敵影を求めてうろうろする愚は避けなければならない。

首都防衛、最後の決戦は水際にあり。そこで海軍は大急ぎで回天の基地を求めて、伊豆半島、房総半島あたりの沿岸を物色したと思われる。

ここでわたしはハタと困った。「回天」の基地に関する資料が市販の戦記物には一切ないのである。そこで、わたしが経験したささやかな経験談をお伝えして、ご了承を願うことにする。

わたしが工廠造兵部で、いささか無聊をかこっていたとき、工場主任の技術少佐が「おい、済まんが伊豆の土肥という所に行ってくれ、1週間位の予定でな。話はこの逓信局の技師さんに聞いてくれ」。どうも話が簡単すぎて意味がよくわからない。兎に角、行って見るほかはない。

(4) 回天基地へ

第三種軍装にネクタイ締めて、暑い暑いとこぼしながら歩いたのを覚えている。多分終戦間近かの二〇年六月初め頃と思われる。地図を頼りに着いたのが西伊豆の修善寺町、それからお迎えのトラックに乗り、ようやく辿り着いたのが小さな港町、土肥《とい》であった。

港のまわりは険しい岩肌で囲まれ、一部砂浜があり、小さい漁船が行儀よく並んでいる。既に3つ、4つの洞穴《ほらあな》が見え隠れする。紛れもない「回天」の特攻基地だ。

早速、司令部のある事務所に赴いた。司令はまだ30歳にもならない若い少佐であった。「事は急ぐ、兎に角、早くやってくれ」、一言の挨拶で、早速打ち合わせに入った。要するに幾つかの基地が既に設営され、「回天」出撃の訓練も何回か実施している。しかし肝心の通信回線が足りない。そこで、海底ケーブルを布設することにした。既に土肥のケーブルは立ち上げてお

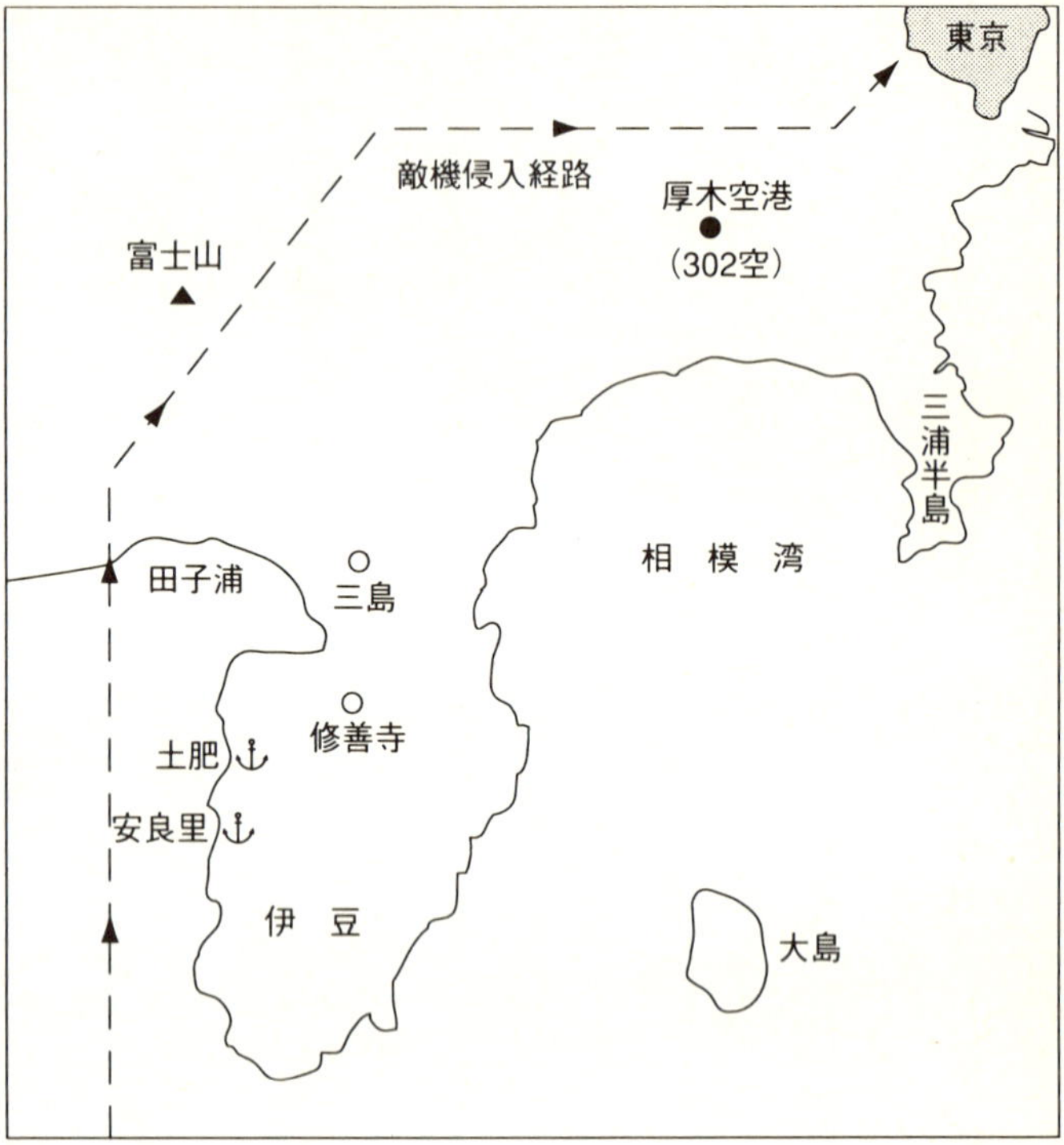

敵艦・敵機侵入想定図

り、安良里《あらり》、堂ケ島へと延長する。ケーブルの敷設船は安良里にいる。

諸君には上陸用舟艇3隻と、所要の兵員、器材を提供する。敷設船と連絡をとりながら工事を進めてくれ、とのお達しであった。

基地は殺っ気だっている。恐らく予備学生出身の少尉・中尉たちが戦闘服でテーブルを囲み、熱心に打ち合わせしている。諸兄に敬意を払いながらも怖じ気づき、早々に退散した。

翌日、特攻隊の熱っ気に当てられたわたしは、早起きして艇長（兵曹長）を叩き起こし、出発の準備にかかる。天気はよし、波は静か、3バイの上陸用舟艇は波を蹴立てて進む。

（5）赤とんぼの特攻出撃

船団は順調に航海し予定より早く安良里港に到着した。ところが波静かな小港のど真ん中に赤トンボが尻っ尾を逆立てて墜落していた。スハ、事故か、わたしたちは一せいに浮き足立った。早速、基地にいって聞いたら、昨夜墜落した霞空の練習機（複葉機）らしいとのこと。

夕方、安良里基地の設置工事も終り、墜落した赤トンボ操縦者の宿屋を聞きだした。幸い、彼はたいした傷もなく無事だという。早速、宿に同宿を頼み伺うことにした。

彼はまさしく予備学生出身の海軍中尉、土浦航空隊所属でこれから九州鹿屋基地まで飛ぶところだったと言う。勿論、特攻目的で僚機4機と共に飛んできたが、途中、嵐に遭い不時着したのだと語った。

そのとき、わたしはまさか復葉機で突っ込むとは夢にも思わず、鹿屋に行ったら戦闘機に乗り換えるのだろうと思っていたが、後で赤トンボで、と聞かされ慄然としたことを覚えている。

それにしても彼は淡々として語り、冗談も言った。

「間もなく、検察官の役目を持った海軍大尉がやってきて、飛行経路や現場検証やらで絞られ、また飛ばされることになっているんだよ」と達観した言動である。

一夜の語らいを名残りに宿をでたところで、ばったりと問題の海軍大尉にであった。幾ばくかの余命を過ごして、彼はまた戦場へ駆り出されるのだろうか。

暗澹たる心を奮い立たせるようにして一先ず、安良里を後にし土肥への帰途についた。

天気晴朗にして波立たず、思わず、わずかばかり覚えている歌の中から、ぴったりの歌を思い出した。


田子の浦ゆうち出でて見ればま白にぞ富士の高嶺に雪は降りける

山部赤人

雪こそなかったが、秀麗な富士の高嶺に魅せられて、すっかり気分は晴れた。燦・燦たる太陽、うだるような暑さ、若い水兵や工員たちは、すっかりへばっている。そこで、にわか仕立ての海軍技術少尉、たちまち、若者たちに同情して艇を岸辺によせて水浴びをやらせた。しかし、ここが如何に危険な場所か！　にわか少尉には気が付かなかった。敵のB29が、太平洋を北上して目指すは富士山、そこで東に向きを変え帝都を襲うのだ。伊豆の西海岸は常にその真下にあり、美しい白波はその道しるべとなっている。

(6) 醜い双胴との出逢い

禍《わざわい》は、忽ち、やってきた。醜い双胴のロッキードだ。かすかに爆音が聞こえたと思ったら、たちまち襲ってきた。3機だ。身も心も凍るような思いで機影を追った。

艇長が大声でわめいた。わたしも気を取り直して少年たちを呼び寄せた。1機はそのまま北へ去った。2機が急降下してきた。機銃を掃射した。一瞬、身の危険は全く考えず、少年たちの無事だけを祈った。銃弾はそれた。敵はあまり我々に関心がなかったのか、二度と襲うことはなかった。後で考えたことは母親とは、あんな気持ちになるのかなと思ったものである。

すっかり里心のついた艇団は、一路土肥基地をめざした。基地は夕闇につつまれ、一瞬殺氣のようなものが感じられた。司令の怒声がひびいた。さては出撃か。さきの、ロッキードが前触れだったのか、不吉な予感がする。司令所に入りたいが入れない。

やがて、騒ぎは収まった。漁船の漁り火《いさ》だという。過去に何回か経験があるが、だからといって手抜きはできない。敵艦隊がそこまで押し寄せてきてもおかしくはない戦況なのだ。

司令は出撃した艇数を各基地に確認し、そして帰投した艇数を数えている。未帰還がまだ何艇かいる。司令のいらだった怒号が続く。未帰還艇がようやく救助された。このような騒ぎが何度か繰り返され、既に数名の未帰還者もあるという。

数日後、わたしは任務を終え、修羅場の基地を後にした。彼等と宴席を共にしたことはなかったが、彼等がよく使う宿屋の、大広間の床柱は日本刀の傷痕で一ぱいであった。

やり場のない若者たちの口惜しさを、床柱はジッと耐えていたのである。

そして女将はまたその傷痕を、いとおしげに撫でていた。

その後、わたしは主として茨城周辺の航空基地の通信網整備に係わっていたので、土肥基地に関する情報はなにも得ていない。

(7) 国、やぶれて山河あり

わたしが、伊豆半島の西海岸土肥という「回天」の特攻基地で、通信用海底ケーブルの端末処理のため、半月ばかりをこの基地に宿泊したことは既に述べた。

このとき、ここからいくらも離れぬところに有名な厚木海軍航空隊（302空）があり、すでに戦闘機の実戦部隊として、米空軍（B29編隊）と死闘を繰りひろげていたことは、うかつにも、まったく知らなかった。

そして、安良里基地（同じ回天の基地）から土肥への帰途、あのみにくい双胴のロッキードP38の銃撃にあい、肝をつぶしたこともあった。

それから間もなく昭和二十年八月十五日、日本国降伏。

連合軍最高司令官マッカーサーは、地の利を理由に厚木基地の明け渡しを要求してきた。

基地司令の小園大佐は降伏を肯ぜず、徹底抗戦を呼号していたが、心労のためか発狂してしまった。

基地は大混乱に陥り、不穏分子の横行、一部住民の略奪・暴行、その中で八月二六日、連合軍先遣隊の進駐を迎えることになった。

軍は、叛乱部隊の排除、空からの進駐に対する受入れ態勢の整備、破壊された諸設備の修復等に大わらわであった。そして、また、また、わたしの出番となったのだ。通信機器、回線の修復、増設作業である。出発は、たしか八月二〇日頃だったと思う。

海軍は、もと、もと、陸地で戦うことは念頭になく、大平洋での海戦を想定していたから、国内航空基地間の通信網は、あまり整備されてはいなかったようだ。

そして、最高性能を誇る戦闘機（月光・銀河・彗星・雷電・零戦等）を擁する302空が叛乱をおこした。一部強硬分子は得意の戦闘機を駆って、徹底抗戦を訴え、ビラをまき、他基地を扇動し、一時は騒然となったが、小園司令の発狂により、事態は幾分沈静化した。

取り敢えず、逓信局の方と簡単な打ち合わせをした後、直ちに、302空（厚木空）に向かったが基地内にはまだまだ不穏分子がおり、基地内の宿泊は無理だという。どこか民家を訪ねて宿泊を頼んだ方がよいだろうという。まことに、つれない返事であった。

やむなく、裕福そうな門構えの民家を選んで宿泊を頼んだら、簡単にOKしてくれた。

あとで聞いたら、兎に角、物騒で願ってもないご依頼で、是非こちらからお願いしたい所です、という。

ようやく、宿舎もきまり、基地内を点検したが、全くの落花狼藉どこから手を付けてよいのやら、手のつけようもなかった。逓信局の若い人たちの献身的な作業には、頭の下がる思いだった。軍からの援助は一切なかったのである。兵舎内の叛乱分子を刺激するのを怖れて兵隊は一切つかわなかったのだ。

ところが、その翌日（二十一日）叛乱は飛び火した。戦闘機の大量脱出だ。

「彗星」六機・「零戦」二十一機・「彩雲」三機・「銀河」一機・「九九艦爆」一機・「練習機」一機・計三十三機

一機の「零戦」は僚機と分れ東京湾上で自爆した。

その他の飛行機は戦闘機が陸軍の狭山飛行場、爆撃機は児玉基地に着陸し陸軍の決起部隊との合流を考えていたのだ。その後の消息はあまり聞いていないので割愛する。

わたしたちの司令部内の作業は順調に進んだが、問題は駄々っ広い飛行場内の司令所や歩哨所、臨時検問所等の連絡回線の敷設だ。

そのとき、何の手違いか、空母から発進してきた小型戦闘機が、予定より二時間も早くやってきて、超低空飛行で飛行場内を偵察しはじめた。2機や3機ではない。われわれの作業用小型トラックは追われるようにして、作業をつづけた。

決して撃って来ることはないだろうが、それにしても気分のよいものではない。思わず、伊豆半島西海岸のロッキードP38の急降下射撃を思い出し、身のすくむ思いであった。

八月二六日、先遣隊の一番機がやって来た。予定よりかなり早くやってきたようだ。わたしたちの小型トラックは、その一番機の滑走路(とは名ばかりで実はだだっ広い草っ原だ)を斜めによこぎって最後の作業を終えていた。

わたしにとっては、まことに厳しい終戦処理の連続ではあったが、なにか胸のつまる、「国、やぶれて、山河あり」の実感ではあった。

第十三章　昭和天皇とダグラス・マッカーサー

最後に話題は大分古くなるが、稲川粛・猪瀬直樹共著、『ダグラス・マッカーサー・アジアの歴史を変えた男』をご紹介する。

この物語は、終戦後間もなく日本に進駐してきたダグラス・マッカーサー将軍に、昭和天皇が直接面会を求め、この度の戦争犯罪の責任は、すべて天皇自らにありとして、日本国民に対し寛大な処置を願った天皇の、いさぎよい態度に感動した将軍が、日本国民の救済と天皇制護持に絶大な援助を惜しまなかったマッカーサー元帥の物語である。以下に記す。

一九四五年九月二七日、午前九時五五分、五台の黒塗りの自動車が皇居の二重橋をでて、モーターサイクルに先導されながらアメリカ大使館に向かっていた。

信号が赤になれば車の行列も停止し、横に止まった都電の窓からは車の中をジロジロと覗き見する者もいる。アメリカ大使館公邸の正面玄関では、フェラーズ代将とパワーズ少佐が時計を睨みながら立ち続け、そして公邸内の迎賓室ではマッカーサーが落ち着かない様子で部屋中を歩き回っていた。

天皇の意向を聞いたのは三日前のことだった。

「陛下が元帥にお会いしたいと申されております。しかし、第一生命ビルでは余計な注目を引くことになりますから、できればアメリカ大使館へ訪問することは可能でしょうか」

天皇のメッセージを持ってきたのは吉田茂外相だった。マッカーサーは大いに喜んだ。

「ヒロヒトがやってくるぞ！」

このことは側近たちにもすぐに伝えられ、GHQ内部は色めき立った。占領後の一カ月のあいだ沈黙していた天皇に対して、GHQ内部から天皇を批判する声や強硬意見があがっていたのだ。

しかし、マッカーサーはそんな声を黙殺していた。強引に呼び付ければ、天皇を殉教者に仕立ててしまうだけだ。かといってこちらから出向けば、ヒロヒトは勝者をもひざまずかせる支配者という印象を国民に与えてしまう。

ここは待つしかない。ヒロヒトは新しい権力者がどうゆうものなのか。

このわたしがいったいどんな男なのか、好奇心に駆られて必ずやってくるに違いない。

それまで待つしかない。彼はそう考えて、日本政府に天皇との会見を要求も要請もしなかった。

彼の忍耐は一カ月ですんだ。マッカーサーの予想通り、新しい権力者に興味をそそられていた、天皇は彼に会いたがっていた。崇高な理想を謳いあげたミズーリー号での名演説が、天皇の胸にマッカーサーに対する新鮮な余韻を残していたのだ。

供奉車と警備車各二台にはさまれた天皇の御料車は、大使館公邸に静かに横付けされた。

（中略）

迎賓室の入口でマッカーサーは天皇を迎えた。だが、彼が想像していた以上に天皇は小さかった。差し出された手は、極度の緊張からか震えていた。そしてその表情からも、疲労の色が手に取るようにわかった。彼は天皇を丁重に中央の居間に通すと、待機していた米軍撮影班の前に立たせてその脇に自分も立った。

（中略）

二人の正面でフラッシュが光った。

「では、こちらへどうぞ」

マッカーサーは天皇を客間へと案内した。部屋には天皇、そして通訳の外務省の情報部長だけが入室を許された。簡単な挨拶のあと、二人は暖炉の前に置かれたソファに腰を下ろし、静かに向き合った。

「テル・ジ・エンペラー」

マッカーサーは通訳を睨んで唐突にそう言うと、とうとうと演説のようにしゃべり始めた。

戦争と平和に対する所信を述べながら、耳元で通訳の声を聞きながら天皇が腰を浮かして応酬しようとすると、間髪を入れずにふたたびしゃべり出す。

天皇は明らかに圧倒されていた。演説は30分も続き、ようやく天皇に話す機会が与えられた。

「わたしは国民が戦争遂行にあたって、政治、軍事両面で行ったすべての決定と行動に対する責任を負う者として、わたし自身をあなたの代表する諸国の裁決に委ねるためお訪ねした」

天皇はマッカーサーの目を見据えながら、ゆっくりとはっきりした口調で語った。そして「この国が再興できるのなら、自分はどうなってもよい」とつけ加えた。

マッカーサーはその間天皇の口元をじっと見つめていたが、言葉の意味を知ると目を丸くして天皇の顔を見た。自分がすべての罪をかぶるというのか！　明らかに関係のない責任まで引き受けるつもりなのか、死ぬかも知れないのに！　彼は驚いて、開いた口を閉じるのも忘れていた。

「エンペラー、ユーアー・グレイト！」

言葉に詰まってそれ以上何も言えなかった。なんという潔さだろう！　これほど純粋に、美しい心を持った日本人には会ったことがない。目の前のこの男こそ、日本で最高の紳士ではないか。

感動で胸がいっぱいになった。マッカーサーは幾度もうなずきながら胸ポケットから米国製のタバコを取り出すと、その一本をそっと天皇に差し出した。

「サンキュウ・ベリマッチ、ゼネラル」

天皇はそれを口にくわえ、マッカーサーが火をつけた。紫の煙がゆらゆらと二人の間に流れた。

（中略）

年が明けた。（一九四六年一月一日）

元日の日に、天皇はラジオを通じて、国民にたいし「朕は現人神ではなく人間である」という宣言を行った。そしてこれに呼応するように、マッカーサーはワシントンに電報を打った。

「天皇の犯罪行為について可能なあらゆる調査を極秘裡に行った結果、天皇が日本の政治決定に参画したという特別かつ明白な証拠は発見されなかった。終戦までの国事関連行為はほとんど、自動的に大臣、したがって枢密顧問官たちの責任であるとの印象を強くうけた。

もし天皇を戦犯として裁くなら占領計画の重要な変更が必要となる。

天皇の告発は日本人に大きな衝撃を与え、その効果は計り知れないものがある」

ＧＨＱには宮内省と日本政府の関係者たちが頻繁に足を運んでいた。

「ピストル自殺を図った東条英機も、毒をあおって自決した近衛文麿も、死をもって天皇の潔白を証明しようとした。この際率直に申し上げますが、天皇は退位しなければならないのか、それとも戦犯とされるのか？」

天皇は皇族の梨本宮が告発されたことで、先行きを不安に思っていた。この日は宮内省御用掛の寺崎英成がマッカーサーの軍事秘書官フェラーズを訪ね、彼に迫った。

「米内光政元海軍大臣も同じことを言ってこられた。元帥は天皇を戦犯とする意見には反対を表明しておられる。天皇は元帥の親友だ」

「ならば元帥に天皇のご退位を希望しない旨の意志を表明してもらうわけにはまいりませんか」

「それはできない」

フェラーズは寺崎の要求をつっぱねた。

同じ時刻に、執務室ではマッカーサーがイライラしながら部屋中を歩き回っていた。

中央の机にはホイットニーが珍しく深刻な顔をして座っている。

「これで、憲法改正を早くやらせないと天皇の存続はますます難しくなったわけだ」

マッカーサーは胸ポケットからタバコを出すとスパスパと吸い始めた。

「そのようですな。ワシントンの極東委員会に東京の対日理事会、特に極東委員会はソ連も委員ですからね。こんなものがでてきたからには、即刻天皇を断頭台に送るでしょう。閣下の権限も大幅に制約される」

「極東委員会の発足はいつだ?」

「たしか、二月二六日です。それまでになんとかしないと、拒否権を発動して日本の管理について横やりをいれてくるのは確実です。いや、既に日本に押し付ける新しい憲法草案を作成する準備ができてるという情報も入ってます。こちらでもケーディス次長を中心に研究を進めているところですが」

わたしの権威も地に落ちかねない、マッカーサーはふっとそう思った。

「どちらが早く作るか、競争だな」

「そうです。だから極東委員会の発足までに既成事実を作って彼らを出し抜くしかない。さいわい、それまでは閣下に統治に関するすべての権限が任されている。最悪の場合は、命令することもできるわけです」

「しかし、強要された憲法を国民が将来とも受け入れ、支持する可能性があるだろうか」

マッカーサーの質問に、ホイットニーは大きな顔を両肘で支え、ため息で応えた。

マッカーサーは窓の外を見た。葉を落とした木立の向こうに皇居が見えた。やはり天皇がいないとわたしの偉業は完遂されない。誰かがドアをノックしたが、彼には聞こえなかった。

「閣下、ワシントンから重要な文書がきてますよ」

ホイットニーが書類を窓まで運んできた。それは「SWNCC—228」と題されたマッカーサー宛ての極秘電報だった。

（中略）

マッカーサーは恐る恐る封を破った。

「日本において占領軍当局が日本政府に憲法を改正させるために必要な次の諸項目を指令する」

そこにはワシントンで協議された日本の憲法改正に関わるいくつかのポイントが列挙されていた。ワシントンもソ連を出し抜くつもりなのだ、彼はほっと胸を撫で下ろした。

そこに書かれた憲法改正の骨子は、主権在民、基本的人権の尊重、議会制民主主義を実現するために天皇制は廃止するべきだとあったが、もし日本国民が天皇制の維持を望む場合として、天皇から実務権限を奪い、形式的な元首に留めるという補足がなされていた。

〈この指令文書は公開してはならない。最終的には連合国最高司令官が声明を出す場合でも、日本人が改革を完全にやったように見せることを阻害せぬように〉

最後の但し書まで読み終えたマッカーサーは、自分と同じ考えのワシントンに満足した。

だが、極東委員会が発足するまでに憲法改正をおわらさなければ、天皇を極東軍事裁判に引きずり出すことになってしまう。彼は部下を呼び出すと、幣原から直接こちらに電話させるように命じた。

「首相、憲法改正案はいつできるのだ」

「ただいま作業を進めているところでして」

「いつまで待てばよいのか」

「もうすぐに」

しかし、幣原内閣が秘密裡に作成していたはずの憲法改正草案は新聞社に漏洩していた。

二月一日、毎日新聞の朝刊を見たマッカーサーは激怒した。翻訳された記事を読み終えた途端、紙面を引き裂き、足で踏みつけた。

「何と馬鹿な！　これでは明治憲法と同じじゃないか、いったい、どこが改正されていると言うんだ！」

駆けつけた民生局次長のケーディスも、この記事には仰天していた。幣原内閣の改正案は憲法問題調査委員会の松本が打ち出した四原則に基づいていた。天皇の地位に変更はなく、天皇は相かわらず大元帥閣下のままだった。

申し訳程度に人民の自由と、権利強化が謳われていたに過ぎなかった。

「松本委員会の政治的見解はこれではっきりした。明治憲法の字句の修正をこえるものではないことがよくわかった」

マッカーサーは震える手でコーンパイプを握りしめると、ケーディスを見た。

「われわれで作るしかない」

「指針を与えるのですね」

　ケーディスはうなずいた。

「いや、指針だけでは手後れになる。完全な憲法草案をこちらで作り上げるのだ。とにかく時間がない。ホイットニーにそう伝えてくれたまえ」

　マッカーサーは机にむかって腕を組み、目をつむったまま動かなかった。

　二月三日の朝、ホイットニーが執務室から慌てて飛び出すと、民生局へ走った。手には一枚の黄色い紙切れを持っていた。この一時間前に、マッカーサーは彼を呼んで憲法草案の起草を命じたのだ。

「草案に、この二つの点を盛り込んでくれたまえ。細かいことは作業班に任せるよ。とにかく、急ごう」

　ホイットニーはマッカーサーから聴きとった憲法草案の主要三原則を黄色いメモに書き留め、民生局に戻るとケーディスを呼んだ。

「これを元に民生局で草案を作ることになった。君のほうで責任を持って起草にあたってくれ。ただし、デットラインは一二日だ。その日に日本側と会合がある。それまでに元帥の承認を得なければならんのだ。いいかね」

黄色いメモを渡されたケーディスは急いで机に戻ると、タイプライターを引き寄せた。鉛筆でメモ書きされた乱雑な文字をタイプに打ち直すためだ。やがて、白い紙にカチカチとタイプの文字が打ち出された。

一、天皇は国の元首の地位にある。

皇位は世襲される。天皇の職務および権能は、憲法に基づき行使され、憲法に示された国民の基本的意志に応えるものとする。ケーディスの指が止まった。彼はその先を読み始めた。

二、国権の発動たる戦争は、廃止する。

日本は、紛争解決のための手段としての戦争、さらに自己の安全を保持するための手段としての戦争をも、放棄する。日本は、その防衛と保護を、今や世界を動かしつつある崇高な理想に委ねる。日本が陸海空軍をもつ機能は、将来も与えられることはなく、交戦権が日本に与えられることもない。

これはすごい。パーフェクトだ！　日本はどんな戦争もできやしない。いや、小さな武器一つ持てない。こんなことを考えたのは誰だ？　元帥か、局長か。いやいや局長ではないな。元帥の理想か、感傷か、それとも、ひょっとして天皇か……。そういえば、たしか日本の再建について天皇は「ソロー・パシフィズム」と言っていたはずだ。ケーディスは引き出しのファイルから、英語に翻訳された天皇の「人間宣言」の資料を抜き出すと、ページをめくった。

その部分はすぐに見つかった。しかし、腑に落ちないことがもう一つあった。自己の安全を保持するための戦争をも放棄する。ちょっと待てよ、これは自衛権の放棄じゃないか。

しかし、国内での反乱や外敵が侵入してきたときはどうするんだ。それを撃退することは日本人固有の権利だろう。

武器はなくとも自衛権はあるはずだ。これはおかしいぞ。彼は思い切ってこの一節を飛ばすと、手書きの文字を目で追う作業に戻った。
三、日本の封建制度は廃止される。
貴族の権利は、皇族を除き、現在生存する者一代以上には及ばない。華族の地位は、今後はどのような国民的または市民的な政治権力も伴う者ではない。予算の型は、イギリスの制度に習うこと。

＊註　ソロー・パシフィズム…徹底的な平和主義。天皇はこの言葉を使いながら、日本の再建に尽力したいとその決意を述べていた。マッカーサーとの第一回会談のときにも、天皇はこの言葉を使ったといわれる。

ケーディスがタイプに打ち直した三原則は作業班に配られ、翌日から起草の作業が始められた。

二月一三日はすぐにやってきた。

「いいかね、日本側の草案をその場で蹴り返し、われわれの草案を突きつけるのだ。子供のようなことを言い出したら、そのときは君に任せよう」

マッカーサーはホイットニーにそう言うと電話を切った。

これで天皇は安泰だ。日本は世界に類のない素晴らしい国となる。永遠の平和と自由と民主の国だ。たとえ今が一二歳の子供だとしても、少し大人になればわたしのあたえたものの偉大な価値が理解できるだろう。

彼はアーサー（マッカーサー）のポートレートに顔を近づけると、そっとささやいた。

「閣下、いかがなものですかな？」

かくして会談は始まった。

占領軍側　ホイットニー・ケーディス
日本側　吉田外相・松本国務大臣・江藤淳等
ケーディスが文書を配った。日本側は黙っていた。

「いいですか、ここが肝心なところですが、最高司令官はこの新しい憲法の諸規定が受け入れられるならば、天皇は安泰になると考えています。天皇を戦犯として裁くべきだとする他国からの圧力から、天皇を守ることができるからです。もっとも、最高司令官は、このことをあなた方に要求されているのではありません。もしそうされなければ自分でそれを行うつもりでおります」

「ふうむ」吉田が一言唸って葉巻を取り出し、プカプカとやりだした。なるほど、最初からわれわれには選択の余地がない。それにもし、GHQがわれわれを飛び越えて国民に直接憲法を与えたら、われわれは無能で無力な存在だと国民におもわれてしまう。それはまずい。

「わかりました。この案が元帥に支持されたものとして、日本政府から国民に発表すればよいわけですね」

吉田は大きな声でそう言うと、松本たちに顔を向け同意を求めた。天皇制はなくなっても、天皇は存続するんだ。戦争放棄とはどういうことだ。自衛権まで放棄するのか。

いや、ここで解釈を明確にする必要はない。これに若干の修正は必要だろう。

さまざまな思いが日本側にはあったが、声に出す者はなく、全員が、葉巻をくわえて超然としている吉田に従った。

「では、よろしくお願いします」

ホイットニーはいかにも満足したという様子で席から立ちあがった。ケーディスも緊張から解放されて、ほっと一息ついた。

それから一週間後、戦争で傷ついた国民を励ますために天皇の全国巡行がはじまった。

国民は、目の高さに天皇の姿を認めて、ある者はその場にひれ伏し、ある者はあまりの感動に涙を流し、そしてある者は緊張のあまり震えていた。巡行が諸外国に与えたインパクトは強烈だった。

天皇は日本人の精神に不可欠な存在だという印象を誰もがもった。

四月三日、極東委員会は天皇の不起訴を決定、五月三日に予定通り開廷された極東国際軍事裁判では、米国側主席検事のキーナンが、天皇を戦争犯罪人として裁かないことを言明した。


私見・お国のためと必死に戦った兵士たちが、手足を失ない、不自由な身体を必死にあやつり、路上に物を乞う姿を見かけること幾十年、忘却とは、忘れ去ること、とは誰がおっしゃったかは知らないが、私のように戦争経験者には忘れることはできないだろう。

（了）

著者略歴

船迫　弘（ふなさく　ひろし）

昭和19年　仙台工専（現東北大）電気科卒業
同　　年　浜名海浜団入団（海軍技術見習尉官）
昭和20年　横須賀海軍工廠造兵部勤務（海軍技術少尉）・終戦
昭和21年　国鉄仙台鉄道管理局電気部勤務
昭和40年　国鉄東北支社事務管理統計課課長補佐
昭和42年　国鉄本社コンピュータ部勤務課長補佐
昭和47年　国鉄東京第二電気工事局（後東京システム開発工事局と改称）次長
昭和50年　国鉄退社、日本電気㈱入社・海外システム事業部勤務等
昭和58年　日本電気㈱退社、㈱NJK入社・取締役東北支社長等
昭和61年　㈱NJK退社
以下略

天孫は南の島からやって来た

2000年12月1日　　第1刷発行

著　　者　船迫　弘
発 行 者　瓜谷綱延
発 行 所　株式会社文芸社
〒112-0004　東京都文京区後楽2-23-12
☎03-3814-1177（代表）
☎03-3814-2455（営業）
印 刷 所　株式会社平河工業社

ISBN 4-8355-1071-2 C3021